U0953195

生涯咨询实战手册

（第二版）

钟思嘉 黄 蕊 著

中国轻工业出版社

图书在版编目（CIP）数据

生涯咨询实战手册／钟思嘉，黄蕊著．—2版．—北京：中国轻工业出版社，2021.8
ISBN 978-7-5184-3457-2

Ⅰ．①生…　Ⅱ．①钟…　②黄…　Ⅲ．①职业选择－咨询心理学－手册　Ⅳ．①C913.2-62

中国版本图书馆CIP数据核字（2021）第060404号

保留所有权利。非经中国轻工业出版社“万千心理”书面授权，任何人不得以任何方式（包括但不限于电子、机械、手工或其他尚未被发明或应用的技术手段）复印、拍照、扫描、录音、朗读、存储、发表本书中任何部分或本书全部内容。中国轻工业出版社“万千心理”未授权任何机构提供源自本书内容的电子文件阅览、收听或下载服务。如有此类非法行为，查实必究。

总 策 划：石　铁
策划编辑：林思语　　责任终审：滕炎福　　责任校对：万　众
责任编辑：林思语　　责任监印：刘志颖

出版发行：中国轻工业出版社（北京东长安街6号，邮编：100740）
印　　刷：三河市鑫金马印装有限公司
经　　销：各地新华书店
版　　次：2021年8月第2版第1次印刷
开　　本：710×1000　1/16　印张：16
字　　数：140千字
书　　号：ISBN 978-7-5184-3457-2　定价：62.00元
读者热线：010-65181109，65262933
发行电话：010-85119832　传真：010-85113293
网　　址：http://www.chlip.com.cn　http://www.wqedu.com
电子信箱：1012305542@qq.com
如发现图书残缺请拨打读者热线联系调换
210262Y1X201ZBW

作者序

在《爱丽丝梦游仙境》* 的故事里有一段耐人寻味的对话。

爱丽丝问柴郡猫："麻烦你告诉我，我要从这儿出去，应该走哪条路？"

柴郡猫回答："这很大程度上取决于你要去什么地方。"

爱丽丝说："去什么地方，我并不是很在乎。"

柴郡猫："那么，你走哪一条路，也就无所谓了。"

爱丽丝进入的是一个完全陌生的世界，仙境里没有地图，没有导航，也没有去过那里的前辈可以介绍经验。相比之下，现实世界要容易理解得多。网络使我们能够看见不同的人生样貌，照理说我们拥有了更多的可能和自由，但今年毕业的研究生仍然在问我十几年前的经典问题："我毕业要去大城市还是回老家？""我要考公务员还是去企业工作？""有新的工作机会，男友不想异地，是放弃机会还是放弃男友？"

选择变多了，参考答案也变多了，但我们并没有更善于做决定。升

---

* *Alice's Adventures in Wonderland* 是 19 世纪英国作家刘易斯·卡罗尔（Lewis Carroll，1832—1898）创作的著名儿童文学作品，讲述了一个名叫爱丽丝的英国小姑娘为了追逐一只揣着怀表、会说话的兔子而不慎掉入兔子洞，从而进入一个神奇的国度并经历了一系列奇幻冒险的故事。

学、毕业、工作、换工作、结婚、生育……每一个人生路口都充满挑战。有的人顺利过关，进入人生的新阶段；有的人卡在那里，不知道要什么；而有的人甚至退回之前的阶段，出现这样或那样的心理问题。

面对今日快速变迁的世界，对于大多数追求生涯目标的人而言，可能无法像爱丽丝一样“无所谓”地梦游，因为现实生活不能任由我们随意选择一条路。事实上，有些人清楚地知道自己要走哪条路，但是有些人却在前行的路上停下脚步，陷入迷茫、迟疑、焦虑的困境。

在高校任教近四十年，我遇见不少处于类似困境的学生，他们缺少的不是聪明才智，也不是专业方法，而是没有人帮助他们更清楚地认识自己和外在的工作世界，更重要的是拥有“全人”的生涯视野。

我认为生涯咨询不只是生涯规划，负责解决读什么专业、选什么工作，教导做计划、做决定，在生涯咨询中，做决定的过程与最后的选择、行动同样重要。生涯是一个连续体，虽有迹可循，但却无法复制别人，只能活出自己。

来访者是自己的生涯主体，咨询师在其中起催化作用，从理解问题到理解人，再回到来访者的生命历程，串联起来访者的各种生命角色，提升来访者的自我认识与自我接纳，由此做出自己的生涯选择。

随着生涯咨询日益受到重视，对于咨询师的要求也越来越高，不仅需要基本的心理咨询的专业训练，而且更加强调生涯咨询的专门训练。本书内容聚焦于如何对个体进行生涯咨询，在介绍生涯咨询的理念上，清晰呈现生涯咨询的阶段和步骤，举例说明生涯咨询中常用的策略与技术。同时，强调全人生涯的整体观，重视工作与其他生活角色的交互影响。本书着重于实际应用，有志于深入探讨生涯咨询理论发展的读者，可参照本书的参考文献进一步丰富这方面的知识和能力。

本书第一版出版于 2010 年，随着时代的变迁，生涯咨询的内容也日新月异。在第一版的基础上，第二版基于一些新的研究和文献对内容进行了更新，并修改了一些举例说明不足之处；第七章增加了“生涯决策困难”的内容；以及增加了关于后现代叙事疗法在生涯咨询中的应用的章节，即

第九章“叙事取向的生涯咨询”。

感谢中国轻工业出版社“万千心理”与编辑林思语女士对本书再版的肯定，感谢多年来学生在“教学相长”中提供的许多积极反馈。正如我常说的一句话：“学然后知不足”，如今的感悟是：“教然后知困”，还望学者和读者不吝批评指正。

目录

第一章

生涯与生涯咨询

英文的生涯（career）一词源自拉丁文的carrus，意指装载着货物的两轮马车或古代驾着马的战车。《牛津辞典》将这个词视为名词，解释为道路（roads），可引申为人一生的道路或进展途径。该词也有动词的意义，表示讲求速度的赛马竞技，可引申为全力以赴、勇往直前的状态。此外，它也能当形容词用，表示某种长期稳定就业的状态，如职业女性（career woman）、职业军人（career soldier）等。

中国人对“生涯”一词的理解虽与西方的说法略有不同，但某些含义是相通的。从金树人（2007）对中国人生涯观念的阐述来看，较广的解释是对“生命”极限的形容，如庄子曰：“吾生也有涯，而知也无涯”；其次是文人从生活体验角度将生涯视为“生活”，如唐朝刘长卿诗：“杜门如白首，湖上寄生涯”，元朝马致远《汉宫秋》的“楔子”有云：“正式番家无产业，弓矢是生涯”；另一个较具体的描述是指谋生之计，如唐朝白居易诗：“料钱随月用，生计逐日营”，故在早期没有“生涯咨询”一词前，称为“生计辅导”。

第一节 生涯与生涯发展

生涯的意义

生涯经常容易与工作、职业混为一谈，在说明生涯的意义之前，有必要先区别“工作”和“职业”的不同含义。中文把英文的“work”和“job”两个词都翻译为“工作”，其实它们有不同的解释。“工作（work）”是指个人对其自认为有价值，也可能是他人所渴望的目标的追求过程，是一个目标导向的、持续且花费精力的过程。而且，工作通常是有报酬的，如计时、论件或按月的工资，但也可能是没有报酬的，如从事公益活动、学习进修等。至于个人工作所追求的目标可能是工作本身所带来的内在愉悦感、工作角色所赋予生活的结构、工作所提供的经济支持，或是其所伴随的休闲形态（Super，1976）。由此可见，工作可以满足一个人的经济、社会和心理的目的（Herr & Cramer，1996）。而“工作（job）”则是指一个组织机构里，一群类似的、有工资的职位（positions），并且说明其中的工作者具有类似的特性（Super，1976），如农业耕作、产品制造、建筑、贸易、教育、医护、公务等。

“职业（occupation）”也常被误解和“工作”同义，其实职业并不等于工作，工作也不等于职业。职业的范围较大，它涵盖了工作，是指许多行业或机构中一群相同或类似的工作（jobs），其在经济社会的历史上早已存在，与个人无关（Super，1985）。它也是职位和角色的统称，如农民、工人、建筑师、商人、教师、医生、律师等。

相较于上述工作和职业的定义，生涯的概念涵盖更深远。过去西方许多学者对生涯的定义有各种不同的说法，其中以唐纳德·舒伯（Donald E. Super）对生涯的诠释最常为人称道和引用，舒伯认为：“生涯是生活中各种事件的演进方向和过程，统合了一个人一生中各种职业和生活角色，由此表现出个人独特的自我发展形式；它也是人生自青春期直至退休之后，一连串有酬或无酬职位的综合，除了职位之外，尚包括任何和工作有关的角色，如学生、受雇者及退休者，也包括副业、家庭和公民的角色等。生涯以人为中心，只有在个人寻求它时，它才存在。”（Super，1976）

舒伯的这种观点打破了过去“工作即生涯”的狭隘说法，将生涯带到一个更宽广的境界，他将生涯视为个人在自我发展过程中统整所有生活角色的经验，并通过工作逐渐实现一个有目标和有意义的人生。同时，舒伯亦未过度扩张生涯的范畴，他认为生涯不等于生命，生涯是以工作为主轴的一种生活，一种生命的展现。从上述舒伯的诠释而言，生涯的意义具有以下五个特性。

1. 方向性：生涯是“生活中各种事件的演进方向”。生涯中虽有许多的不确定，但受到性格、自我概念、价值观、兴趣或能力的影响，使个人内心产生期望，促使自己产生动力朝着某个方向发展。
2. 持续性：生涯是“生活中各种事件的演进过程”。生涯是个人一生中连续不断的过程，现在受到过去的影响，未来则受到现在的影响，过程中虽有一些停滞或阻碍，但在时间上是依序往前的，不能倒转。
3. 统整性：生涯“统合了一个人一生中各种职业和生活角色”。生涯是一种生活，虽以工作角色为主轴，但与个人其他的生活角色有直接或间接的关系，而且互相影响。因此，统整这些角色是生涯重要的课题。
4. 独特性：生涯“表现出个人独特的自我发展形式”。虽然有些人的生涯发展表面上看起来类似，生活的角色也很雷同，然而因性格、自我概念、价值观、兴趣或能力等的表现不同，形成个人独特的生涯经验。
5. 自主性：生涯“只有在个人寻求它时，它才存在”。在生涯发展过程中，虽然受到个人条件、机会、社会环境等影响，但人能主动地思考、选择、决定、计划和实践，因此个人是自己生涯的创造者。

生涯发展的内涵

理解了生涯的意义，那生涯发展又是什么？赫尔和克莱默（Herr & Cramer，1996）认为生涯发展是由个人心理、社会、教育、经济和机会等因素，综合形成个人终其一生的发展性生涯历程；这些个人经验的层面，与个人在教育、职业、休闲嗜好等方面的个人选择、投入和进步情形有关；是个人自我认同 、生涯认同、生涯成熟等特质的发展历程；此终其一生的发展历程，导致个人的工作价值、职业的选择、生涯形态的建立、决策风格、角色统整、自我认同及生涯认同、教育进修，以及其他相关的现象。

阿蒙森、哈里斯·鲍勒斯贝和奈尔斯（Amundson，Harris-Bowisbey & Niles，2005）根据舒伯（Super，1990）的“生涯决定因素拱门（Archway of Determinants）”来说明影响生涯发展和目标的因素。拱门的架构可分为四个部分：楔石、基础和两根石柱（见图 1.1）。顶端的楔石是自我，象征着个人生涯的关键，包括一生中所有生活角色的总合活动，并且通过持续的生涯发展阶段中的一些角色自我概念来实践。而所谓的角色自我概念是个人通过工作和其他生活角色，表现出自己独特的想法或知觉，如职业的自我概念、家庭的自我概念等。

拱门的底座是传记的和地理的基础，传记的基础即个人的生活史，包含塑造个人需求、价值、兴趣、能力倾向的延续性的生活事件及影响。而地理的基础则是个人之外的外在世界，包含影响个人与其生涯选择的社会和文化影响因素。在这两个基础上的两根石柱代表着影响生涯发展的两个主要因素，左边石柱是内在因素：需求、智力、兴趣、价值观、能力倾向等；右边石柱是外在因素：经济、家庭和学校、朋辈团体、社会、就业市场等。

由于这两个基础与其支撑的石柱是搭建整个拱门的重要结构，是咨询师在咨询中需要理解的来访者之重要信息，更是必须帮助来访者整合的资源，因此进一步加以说明。

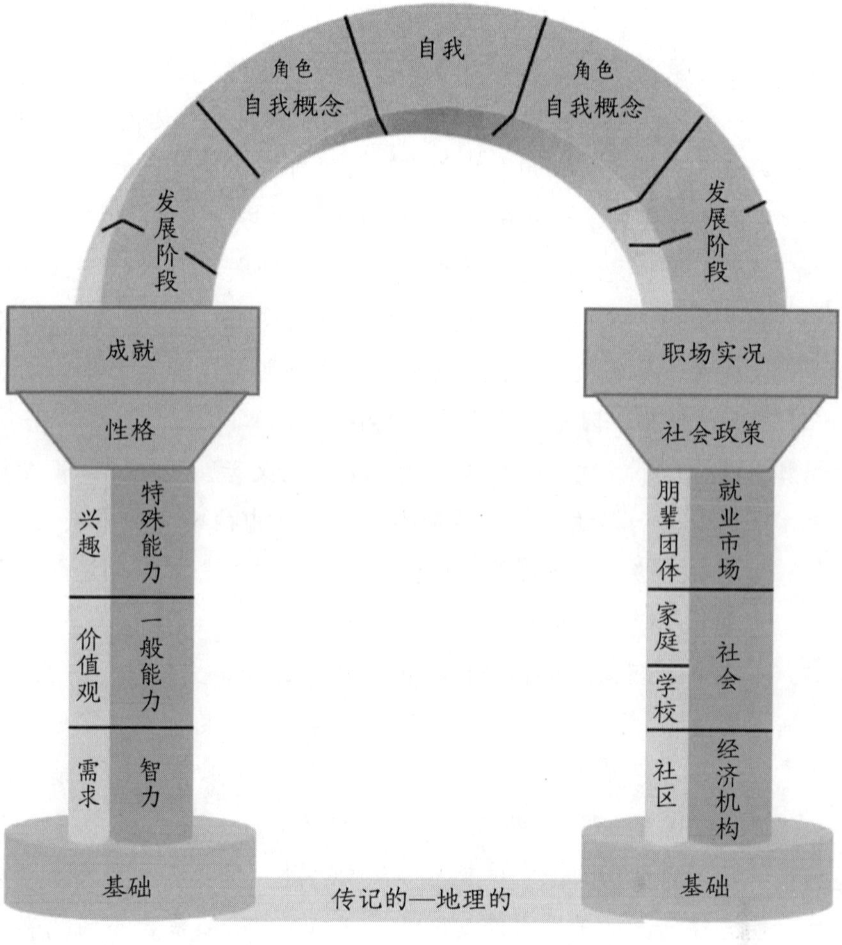

图 1.1 生涯决定因素拱门

内在因素

在咨询过程中，多数咨询师倾向于重视内在因素，因为相较外在因素的不易掌控，内在因素是来访者本身所拥有的或经由学习可以强化和提升的。

1. 需求。每个人的内心有许多的需求，如著名的马斯洛五大需求：生理、安全感、爱与归属感、自尊和自我实现（Maslow，1954）。除此之外，在咨询中还会发现一些特殊或具体的需求，如求知、利他、美感、生活变化、发挥创意、声望地位、领导权力等。

2. 智力。虽然区分人的智力高低经常受到批评，但不可否认，它对于一个人所完成教育的质和量，进而影响其职业选择及生涯发展，具有很大的决定作用。当然，这也并非说智力越高越有成就，但要有好的发展，至少需要相当的智力。
3. 兴趣。兴趣是个人对某些事物或活动的喜好及偏爱情形，有些人的兴趣很广泛，而有些人的兴趣则较为聚焦。基本上，兴趣与个人的遗传和经验有关，但有些人的兴趣可能是自己想象的或模仿他人的结果，因此容易转变或放弃。
4. 价值观。个人成长中因身心的需要，在父母、同伴、师长或其他重要他人的影响下，会逐渐形成对生活中的事物的判断或评价，形成一些稳定、不易改变的主张、意见或信念，而且它们会成为主导个人行为的方向盘。
5. 一般能力倾向。也称为综合能力倾向，如语文推理、语文运用、空间关系、数字、抽象推理、文书等，这些是个人学习的基本能力，虽有程度高低之分，但多数人都或多或少具有这些能力，除了一些因智力障碍而缺乏这种能力的人。
6. 特殊能力倾向。除了一般能力倾向之外，个人有一些天生的特殊能力倾向，如果后天能加以开发和培育，会发展出不同凡响的成就，如在语言、科学、绘画、音乐、运动、创造力等方面杰出的人才，即具有特殊能力倾向。

外在因素

虽说咨询师较重视生涯发展的个人内在因素，但外在环境因素对生涯发展同等重要，而且常被咨询师所忽略，因此值得在咨询时多加了解和掌握。

1. 经济。一般人虽然对经济的抽象概念感到陌生，然而经济却真实地影响着我们的生活，例如经济的好坏经常直接影响工作机会，也间接影响工资收入、物价波动及生活水平。而且其范围极广，从国家的经济政策，到机构和单位的利润和绩效，乃至家庭或个人的收入和支出。

2. 社区。个人住所的附近，经常出入的生活圈，社区的生态、机能、文化水平等也是影响其生涯发展的重要因素。观察不同环境中成长的人，常常容易看到他们在想法和行为表现上的不同，例如在都市生活与在乡村生活的人因生活的节奏、信息的接收、价值观等不同而有明显的差异。
3. 学校和家庭。家庭的环境、条件、价值观等对于个人的生涯发展来说，不仅会影响个人儿童时期的成长，而且其影响会持续到青少年、成人时期。例如父母的期望经常是子女选择专业或职业的重要决定因素之一。虽然对个人产生影响的时期稍晚，但是学校因素对个人成长的影响绝不亚于家庭因素，例如学校的校风、学习的环境，以及教师的态度对于个人成就的影响不容忽视。
4. 社会。人是社会性动物，而社会的文化、制度、风气及价值观等，都会影响每个人的生涯发展。例如根据社会价值观所形成的职业声望，常是人们选择专业或工作的重要参考依据，这使得某些专业和职业成为热门领域，而某些专业或职业则被视为冷门领域。而且随着社会的变迁，社会价值观或职业声望也会有所变化。
5. 朋辈团体。从青春期开始，个人受到同学和朋友的影响越来越大，例如在与平日较亲近的同伴的互动中，彼此常互相学习和模仿，志同道合、臭味相投即是形容这种影响关系的，而且这种情形会持续到成人时期。当然，朋辈之间也会有一些比较，甚至对立竞争。无论正面或负面的影响，都无法否认其深远的力量。
6. 就业市场。由于经济发展迅速，今日的就业市场有许多行业或职位是过去没有的，如电竞顾问、网约配送员、人工智能训练师、全媒体运营师、理财规划师、收纳师等。同时，因为网络使用的便捷，许多个人工作室及小规模企业应运而生。相对地，一些传统行业面临缩减或转型的挑战，甚至产生急速衰退或消失的危机。

根据舒伯的观点，经由上述六个内在因素的整合和交互影响，形成个人独一无二的性格及成就；同样的，上述六个外在因素也会交互影响，形成社会政策及实际就业情况。最后，内在因素和外在因素二者再交互影响，融合为角色的自我概念。舒伯认为，这种角色的自我概念特别指的是生涯及职业的自我概念。

第二节　生涯咨询的理念

生涯咨询的发展

谈到生涯咨询（career counseling）的历史，必须追溯到20世纪初期，弗兰克·帕森斯（Frank Parsons）于1909年所开创的职业辅导（vocational guidance）模式。他根据个体差异的观点，采用评估个人能力和性向的心理测评工具，以及调查与个人有关的职业信息服务，来帮助来访者做职业选择。他的职业辅导模式包含以下三个步骤。

1. 自我了解。帮助来访者清楚地了解自我，包括特质、性向、能力、兴趣、资源和限制。
2. 获得有关职业的知识。帮助来访者了解不同类型职业的要求和条件、优缺点、工资、机会和前途的知识。
3. 整合有关个人与工作世界的知识。帮助来访者将上述二者的信息加以统整，以进行真实正确的推论，做出有效的职业选择。

虽然，帕森斯被后来的一些学者批评，认为其过分依赖测验结果作为个人未来生涯的预测。然而不可否认的是，一个世纪前帕森斯的职业辅导理念仍影响至今。继帕森斯之后，职业辅导持续发展近60年，经由许多学者及实务工作者的努力，奠定了未来发展的深厚基础。到了20世纪70年代初期，由于受到生涯教育（career education）快速兴起的刺激，生涯辅导的名称和概念应运而生，美国一些大学的心理咨询专业开始有了生涯辅导的课程，虽然当时的概念和方法与现今有很大的不同，但是职业辅导和生涯辅导的发展对今日生涯咨询的贡献都是不可磨灭的。

克利茨（Crites，1981）是首创“生涯咨询”之称的学者，他认为生涯咨询是协助个人做出适当生涯决定的人际历程。布朗和布鲁克斯（Brown & Brooks，1991）更进一步地做出界定，这种人际历程是帮助个人生涯发展和解决生涯难题的，而他们所谓的生涯发展是一个人终其一生的历程，不仅是选择、进入、适应一项职业及在该职业升迁的历程，而且会与其他的生活角色产生动力性的关联；而生涯难题则包括生涯未定向、工作表现、压力和调适、个人和环境的不一致性，以及生活角色缺乏统整等。

对于生涯咨询的定义，西尔斯（Sears，1982）的说法最为简洁，他认为生涯咨询是咨询师与来访者以一对一或小团体的方式，协助来访者统整与应用对自己及环境的了解，做出最适当的生涯决定与适应。而拥有不少国际学者和实务工作者会员的美国生涯发展学会（National Career Development Association）于1988年也提出类似的观点，认为生涯咨询是具有专业资格的人对另一群人提供或协商一些活动，帮助其解决职业、生活、生涯、生涯决定、生涯规划、生涯进展或其他与生涯有关的困扰或冲突。该学会于1997年在其网站上进一步公布了九个生涯咨询的方向，以说明咨询师主要的工作内容。

1. 以合作的方式进行正式和非正式的测评，以帮助来访者有关特质（如价值、兴趣、能力等）的澄清和具体化。
2. 鼓励来访者从事以经验为基础的探索活动（如实习、职业信息访谈）。
3. 运用生涯规划和职业信息系统帮助来访者更了解工作世界。
4. 为来访者提供增进决策技巧的机会。

5. 协助来访者发展个性化的生涯计划。
6. 教来访者求职策略，以及写履历表和工作面试的技巧。
7. 经由相关的人际关系技巧的练习（如自我肯定训练等），帮助来访者解决工作上的潜在个人冲突。
8. 协助来访者了解工作与其他生活角色的统整。
9. 为经历工作压力、失业或生涯转换的来访者提供支持。

金树人（1998）认为，近年来生涯咨询进一步纳入了关怀来访者心理健康、生活角色的主题，生涯咨询是生涯咨询师协助来访者克服与生涯准备、生涯选择及生涯适应有关的困难与问题，消除情绪与认知上的障碍，达成生涯角色、工作角色与各种生活角色之间的融洽和谐，以增进个人的生涯发展与生活适应。而吴芝仪（2000）则强调咨询师和来访者两者之间的语言沟通历程，并认为在双方建立动力的合作关系下，咨询师应用许多不同的咨询技巧，协助来访者自我了解、了解工作世界中可能的选择、设定生涯目标、做出有效的生涯决定并采取生涯行动。

综合上述各家论点，本书从纵贯一生的全程观及横跨生活面向的整体观，将生涯咨询界定为：咨询师应用专业的咨询技术，与来访者建立关系，并在良好的沟通和合作下，帮助来访者澄清生涯问题、了解自我特质和外在世界、运用有效资源、做决定、制订行动计划，以及实践生涯目标。

生涯咨询的目标

虽然不少咨询师喜欢对来访者做较长期的咨询，然而大多数来访者通常只愿接受短期的咨询，因此生涯咨询应聚焦在来访者身上，在短时间内帮助来访者增强自我能力（Figler & Bolles，1999）。为帮助来访者在短期内有所改变和成长，咨询的主要目标不仅要帮助来访者解决目前的问题，而且即使没有咨询师的协助，在未来面对类似或不同的问题时，也能运用咨询中学到的能力。因此，生涯咨询的目标在于培养来访者的自我能力，因为他们不是不具备这些能力，而是需要咨询师帮助他们把能力发掘或发挥出来。这些自我能力和咨询原则如下。

1. 自我负责的能力。来访者对自己的生涯发展、做决定和行动负起责任。这是首要目标。来访者若不能或不愿担负起自己的责任，那么下列的其他目标也不可能达到。许多来访者常常期望咨询师能清楚地指出自己未来的方向，以减轻自己做决定的压力，例如来访者会要求咨询师："告诉我该怎么做？"而当咨询师真的给他一些指导或建议时，原以为对他们有帮助，但却容易造成来访者的依赖，甚至不信任自己的判断，也不敢尝试任何行动。因此，有效的咨询是让来访者看到自己的生涯选择有许多的可能性，而且愿意对自己的选择负责。
2. 情绪管理的能力。面对自己的生涯问题或抉择时，最常出现的是焦虑、害怕、担忧、抱怨等情绪，而这些负面情绪必然影响生涯的发展和成长。因此，咨询师首先要帮助来访者理解，自己的想法创造了自己的情绪，而负面情绪的背后常是一些消极想法，如我不好、我没有能力、我不可能成功等。其次，学习如何察觉到负面情绪，将消极的想法转变为积极的想法，以获得正面的情绪力量。此外，也要鼓励来访者培养良好的生活习惯，如规律的生活作息、饮食均衡、早睡早起、持之以恒的运动等，帮助来访者拥有稳定的情绪。
3. 运用资源的能力。一个人的资源可以分为内在资源和外在资源，内在资源如个人的智慧、能力、经验等，在咨询中咨询师常常会问来访者："告诉我，在生活中你有哪些专长（优点、长处、能力）？"这样的引导即在帮助来访者探索内在既有的资源。而外在资源则能协助来访者解决问题或提供答案的人或事物，如重要他人（父母、亲友、师长）、参考书籍、网络信息等，因此咨询师会问："你身边有谁能告诉你所学的专业发展如何？"或"有没有可能在网上找到从事相关行业的技能要求是什么？"这样的提示可以帮助来访者有效地运用外在可利用的资源。

4. 发挥想象的能力。多数人对自己的未来都有梦想，例如，有一天我会得到诺贝尔化学奖，我将来会是世界前百位的企业家，我要成为一位世界级的导演等，也许这些梦想在目前看起来不够实际。然而放眼观之，今日许多的创造发明正是把昨日认为的不可能变为可能，而一些著名的艺术家、科学家和企业家过去的一些被人嘲笑的想法和行为，现在被证明正是他们成功的源泉。因此，咨询师应鼓励来访者发挥想象力，如在生活经验中寻找自己的兴趣、爱好，并帮助他们加以整合，这将是其发展生涯的宝藏。
5. 做决定的能力。生涯历程中总会面临许多抉择，有的能轻易地做出决定，而有的却如站在两扇门前或十字路口，让人徘徊犹豫而难以下决定。除了不够自信或对目前的情况理解不足之外，让人无法做决定的原因还有，大多数情况下人们通常有两个或两个以上的选择，且都有其优点和缺点，正如鱼与熊掌不可兼得或无法两全其美。因此，在生涯咨询中教导来访者学习衡量情况、评估优缺点的方法，进而让其成为来访者的“永久资产”，就变得很重要。最常用的方法是，咨询师协助来访者将其可能的选择列出来，然后针对每个选择的优点和缺点，以及想象的可能结果分别加以探究和讨论，最后还可以量化，以决定何者较合适或有利。
6. 制订计划的能力。仅有想象力和会做决定，没有将想法落实为行动计划，那只是“光说不练的假把式”。计划虽不用像写企划案或做报告般详细，但基本的原则要具备，如采取行动的时间表、具体的步骤、可能的困难及解决之道等。因此，咨询师会要求来访者清楚地回答如下问题：“你准备何时去找相关资料（或访问这方面的专家）？”“如果这么做，可能会有什么风险；如果有，该如何应对？”当然，如能将计划写下来更好，因为“白纸黑字”的呈现会是一个很好的提醒。
7. 实践目标的能力。经过思考制订行动计划后，下一步就是朝着目标前进。由于来访者过去可能没有信心或经验，很可能会半途而废，甚至害怕踏出第一步，因此咨询师要不断地提升来访者的改变动机，以及持续地肯定来访者的成长和进步。即使来访者觉得自己没有改变或进步很小，咨询师仍要鼓励来访者："我看到了一点改变，这是开始，达成目标需要时间和耐心，我为你打气。""你似乎对事情的进展有些失望（不满意），不过我相信一个小改变会带动另一个小改变，然后是一连串的小改变，最后积累成一个大改变。"有时，改变的进程可能会停滞不前或倒退，这是正常的现象，咨询师必须对自己和来访者实践目标有信心。

8. 评估进展的能力。从制订计划到实践目标的过程，乃至达成目标的成果，都需要咨询师与来访者共同关注，并讨论"我们怎么知道这个计划有效""我们怎么观察进步的情形"之类的话题。评估进展的方法很多，除了来访者自己的感受和行为表现、他人的反馈、实际的成果等，运用一些测评工具也是方法之一。然而，目前国内这类测评工具较缺乏，因此咨询师可以自编问卷来评估来访者的进展情形。对于来访者而言，最简单的方式就是自我观察，如1~10的简单测评法，1代表没有进展，10代表最大进展，5~6代表中间水平，每隔一段时间，由来访者根据主观的感受加以评估。虽然有人批评这个方法不客观，但是有什么方法比来访者自己的感觉更重要呢！

与心理咨询的整合

相较于心理咨询，生涯咨询长久以来不太受到重视，甚至生涯咨询工作者被一些心理咨询从业人员视为无须太多专业训练。然而今日生涯咨询的重点已从传统的职业适配转移到生活意义的创造，使得生涯咨询与心理咨询在策略和技术上的差距越来越小，例如咨询师必须深入探索来访者的内心世界，如关心和鼓励其生活角色的统整、协助其解决内心的焦虑或冲突等。

克利茨（Crites，1981）认为由于生涯难题和个人难题具有交互作用的关系，因此生涯咨询常常需要包含一般的心理咨询的内容，进而帮助个人探索其在工作世界中欲扮演的角色，他提出生涯咨询与心理咨询的关系如下。

1. 人们对生涯咨询的需求大于对心理咨询的需求。
2. 生涯咨询也可以具有治疗的效果，因为生涯与个人适应息息相关。
3. 生涯咨询应接续在心理咨询之后，因为必须先处理生涯发展中的个人适应问题。
4. 生涯咨询比心理咨询有效，因为生涯咨询较能预期未来的成功可能性。
5. 生涯咨询比心理咨询困难，因为生涯咨询经常需要扮演心理咨询师和生涯咨询师两种角色。

当然，克利茨的观点受到不少心理咨询学者和实务工作者的反对，尤其是他把生涯咨询的功能和效果过于夸大。遭到这种批评是可以理解的，毕竟心理咨询有较长久的历史和发展基础。然而，金树人（1998）认为即使资深的生涯咨询师，也很难将生涯咨询与一般的心理咨询划清界限，问题不在于生涯咨询本身，关键在于来访者的生涯困境经常与其他的心理健康、人际关系或人格问题重叠，因此难以单独干预。

事实上，多数的咨询师原本就身兼上述两职，在咨询时很难加以区分。即使将两者的职责和主要工作内容区分清楚，在来访者需要时，生涯咨询师仍需处理来访者的心理问题，而相对的，心理咨询师也会与来访者讨论生涯咨询的问题。辛克尔曼和卢佐（Hinkelman & Luzzo，2007）整理了一些过去的研究发现，得出以下结论：心理健康和生涯发展之间有交互影响的效应，尤其是大学生寻求咨询时，可能同时具有心理和生涯的问题。例如，他们在专业或生涯的选择上常出现抑郁或焦虑的症状，而相对的，他们的专业或职业选择亦会对其心理健康产生影响，因此强调应将个人和心理健康的问题整合进生涯咨询中。

生涯咨询与心理咨询的界线只不过是以文字区分的两种形式而已，这种二分的形式可望连接成一个光谱式的连续体（金树人，1998）。因此，区分生涯咨询与心理咨询的界线，或争论二者的涵盖范围，是没有任何意义的，因为对于咨询师而言，帮助来访者解决问题和增进他们未来的福祉，才是最重要的目的，无论自己的工作被称为生涯咨询还是心理咨询。

生涯咨询的服务对象

早在1939年，美国职业辅导先驱威廉森（E. G. Williamson）就将青少年阶段可能面临的职业选择难题，归为下列四类。

1. 没有选择。个人对任何可能的选择都没有概念，无法在不同职业中选择一项让自己全力投入。
2. 不确定选择。个人对自己所宣称的选择，仍保持怀疑和不确定的态度。
3. 不明智选择。个人的能力或兴趣等特质，与其选择的职业所要求的条件存在不一致的情形。
4. 兴趣和能力倾向的差距。个人对某一个职业有兴趣，但不具备足够的能力从事该职业，亦即个人有兴趣的职业并不等同他有能力把它做好。

由于早年受到传统观念和经济条件的限制，也没有像今日这么多接受较高教育的机会，所以许多年轻人在18岁以前就得面对职业选择并开始工作。然而，随着社会和经济结构的急剧变化，以及因应工作需要提高的教育水平，现代人进入就业市场的年龄渐渐推迟，有的甚至推迟了3~7年（如硕士或博士毕业），因此所面临的职业难题也与过去有所不同。鲍廷（Bordin，1946）从个人心理层面探讨职业选择的难题，归纳出以下五种类型。

1. 依赖。由于心理发展的迟缓，过于依赖他人为其做决定。
2. 缺乏信息。由于缺乏对自己和工作世界的充分信息，而无法做决定。

3. 自我冲突。体验到两个或两个以上自我概念间的冲突，或是自我概念和其他外在事件的冲突。
4. 选择焦虑。面临两个或多个选择，每个选择各有其优劣势，以致产生焦虑。
5. 缺乏保证。虽然做了决定，但仍需寻求他人的保证。

内森和希尔（Nathan & Hill，1992）认为，虽然来访者所面临的问题有因人而异的独特性，但其问题仍有共同性，大致可分为八类。

1. 生命阶段的问题。来访者的问题与人生发展阶段转变有关，如迈入青少年期、离家到外地读大学、大学毕业找工作、结婚生子、青年创业、壮年转业、中年危机、年老退休等。
2. 工作和生活的平衡问题。来访者的问题与工作和生活产生不协调或不平衡有关，如工作时间长而无法兼顾家庭、家庭变故影响工作效率、工作忙碌缺乏运动休闲、作息时间不规律等。
3. 做决定的问题。来访者的问题与做决定的信心不足或准备不够有关，如难以做选择、逃避做决定、不敢对决定负责、担心决定错误、后悔之前做的决定、家人和自我的期望不同等。
4. 执行决定的问题。来访者的问题与欠缺达成目标的策略或方法有关，如不会做计划、缺乏资源或专门训练、没有金钱或资源创业、表达或沟通能力不好、体力无法负荷等。
5. 组织变动的问题。来访者的问题与工作单位或工作情况的变动有关，如公司被裁并或改组、减薪降级、被老板辞退、转换新职位或不适应任务等。
6. 工作表现的问题。来访者的问题与工作表现不如意或遭受挫折有关，如工作绩效或业绩不如他人、常被领导或主管批评、工作考评不佳、发生重大工作疏失、多年未获升迁等。
7. 人际关系的问题。来访者的问题与和周围其他人疏远或发生冲突有关，如与领导或主管之间有误解、与同事难以相处和共事、受到下属的顶撞或挑战、与家人关系不佳、孤独或没有朋友等。

8. 创造力受阻的问题。如能力无法发挥、兴趣与能力倾向不合、工作单调无变化、生活枯燥乏味等。

金树人（1998）从生涯未决定（或称生涯未定向）的角度，将需要接受生涯咨询的来访者分为四种类型，加以整理和说明如下。

1. 已决定者。这类来访者在生涯发展的过程中已做了一个大致的决定，如高中毕业选择考大学的某个专业、大学二年级准备要考研究生、大学毕业立即就业等，他们通常对自己的兴趣和能力比较清楚，也收集了所选择目标的相关信息，因此已开始一步一步往前走。然而令人不解的是，既然已做出决定，为何来接受咨询？从一些实务经验和研究中发现，确实有这样的来访者，他们又可分为三类：第一类的人的思考较为审慎周密，希望生涯咨询能帮助他们确认或证明其所做的选择是正确的；第二类的人虽然已确定，但需要生涯咨询帮助他们计划、实践以达成目标；而第三类的人看似已做决定，实际只是一种假象，他们为了降低必须选择的焦虑而装作胸有成竹的模样，却可能是下述的"生涯犹豫者"类型。
2. 未决定者。这类来访者对于自己的未来选择还没有具体的承诺，但并不表示他们没有自己的想法和计划，之所以未决定的可能原因有二：有些来访者属于探索性的未定向，在生涯选择上对自己和职业（或所学专业）的信息不足，但随着年龄成长，对自己和职业世界有更多的了解，未定向的现象会逐渐减少；另一些来访者则是多重选择的未定向，他们的兴趣广泛或能力多样，以致无法做决定，处在左右为难的选择困境中，只好维持未确定状态。
3. 生涯犹豫者。这类来访者处于不确定的背后原因比上述两种类型复杂许多，而且通常伴随着严重的焦虑，又称为焦虑性未定向。根据过去的研究数据，大致也能归纳为三类：第一类与人格状态有关，来访者可能有轻微的人格异常（如慢性焦虑、缺乏自信、自我认同混淆等）或严重的人格异常（如抑郁、解离、妄想等），此类来访者在接受生涯咨询前最好先建议或转介其接受长期心理治疗；第二类与错误的后设认知（metacognition）有关，来访者可能受困于认知上的障碍或错误的生涯信念，如认为自己选择有限、运气不佳、害怕面对选择、不敢承担责任等；第三类与人际互动有关，来访者由于重要他人（父母、爱人等）的期望不同而造成个人困扰，例如父母和自己期望的专业有差距或意见冲突、自己想继续升学而家人希望能工作赚钱以补贴家用、与爱人的工作地点相隔太远等。

4. 生涯适应不良者。这类来访者的困扰多半是由于外在因素而影响心理或生活上的适应，如工作或学习上有压力、与同事或同学之间的人际关系欠佳、工作或学习的表现不佳等，但也有少数人属于上述生涯犹豫者的人格异常的问题。

总而言之，上述各家说法虽有不同的分类方式，仍可看出一些相通之处。事实上，分类的好处是便于描述一些现象，且容易让人理解，但仍有不够周延之处。毕竟来访者所呈现的问题很少是单一类型的，而是复杂多样的，且大多数来访者不单属于某种类型，其问题可能是同一类型内两个子类型或以上的混合，甚至是归属两种类型以上的复杂情形。因此，进行咨询时应秉持弹性开放的态度，不要轻易将来访者归类或贴上标签，而是借助这些分类的参考，更深入地理解来访者并合理地整合信息。

思考活动

1. 生涯和职业生涯有何不同？
2. 生涯咨询与你过去所知道或想象的有何不同？
3. 根据“生涯决定因素拱门”所描述的内在和外在因素，结合自己的实际情况，想想哪些因素对自己目前的影响比较大？

第二章

生涯理论在咨询上的运用

从生涯咨询的发展历史来看，初期所依据的一些生涯理论，是由学者们在多年不断的实践中探讨并总结出一些基本原则和假设，并通过实证和统合整理而形成的。特别是在 20 世纪 40 年代之后，心理学和社会学开始进行职业行为和生涯发展的相关研究。到了 20 世纪 50 年代，心理咨询各流派也因来访者的需要而逐渐开始关注生涯咨询的相关问题。这些因素都直接或间接地对生涯咨询理论的建立产生了实质的贡献。

探讨生涯理论很重要，因为理论可以为实务工作提供指引。本章将介绍四个影响 21 世纪生涯咨询的重要生涯理论：生涯类型论、生涯发展论、社会学习论和生涯建构论。首先，简要说明这四个生涯理论的主要概念及其所形成的咨询目标和适用对象。其次，以一个有生涯困扰的大学本科二年级男生为例，分别描述这四种不同理论取向的咨询方式。特别提醒的是，现实中同一来访者不可能同时接受四种理论取向的咨询，在此只是以一个虚拟的案例来区别其在应用上的不同。另外，为突出重点，本章所呈现的案例对话为咨询过程中的主要片段，非全部内容。

第一节 生涯类型论

生涯类型论源自人格心理学的概念，约翰·霍兰德（John Holland）从1985年起，根据自己在咨询方面的经验和一系列研究，发现人们会在工作选择和经验中表达自我、个人兴趣和价值观等特质，而生涯选择则是个人的人格在工作世界的延伸；同时，个人也会被某些能满足其需求和角色认同的特定职业或生涯所吸引。

主要概念

1. 个人特质类型（如兴趣、能力倾向、价值观等）可以归类为：实际（realistic）、研究（investigative）、艺术（artistic）、社会（social）、企业（enterprising）及传统（conventional）六种类型。并依这六种类型的英文首字母分别简称为R型、I型、A型、S型、E型和C型。由于翻译的不同，实际型又称为实做型或现实型，社会型又称为社交型，传统型又称为常规型。
2. 工作环境的特性（如职业、特定工作、主修专业、休闲活动等）也可以归为上述相同的六种类型。
3. 具有某种个人特质类型的人会被相似类型的工作环境特性所吸引。
4. 个人特质与工作环境特性相似或接近，则个人在此种工作环境里才能得到满足，且会投入其中并有所贡献。

国外有一些根据生涯类型论发展出来的可以运用在咨询中的测验工具，如职业自我探索量表、职业偏好量表等。虽然国内这方面的工具较缺乏，但仍然可以运用一些简单的测量工具，例如“个人特质检核表”“兴趣岛屿”（见附录）等。

测量工具可以按照个人特质和工作环境特性的一致性或相似程度，划分形成典型的“个人风格”。由于个人特质和工作环境特性很少会是单一的类型，除了最符合的类型（主类型），还有次符合的类型（次类型）。通常以分数最高的前三种类型为代表，称为“霍兰德码”。其中第一个字母是最符合的类型，第二个和第三个为次符合的类型，如 RIA、ASE 或 IAS 等。

图 2.1 是标准的六个兴趣类型，得分最高的主类型和左右相邻的两个次类型的关系是一致性高的（粗线呈现），而其左右两个次类型关系是一致性中等的（细线呈现），与其他不相邻的类型的关系则是一致性低或有区分性的（虚线呈现）。图中三角形越小表示一致性越高。反之，三角形越大表示区分性越大。

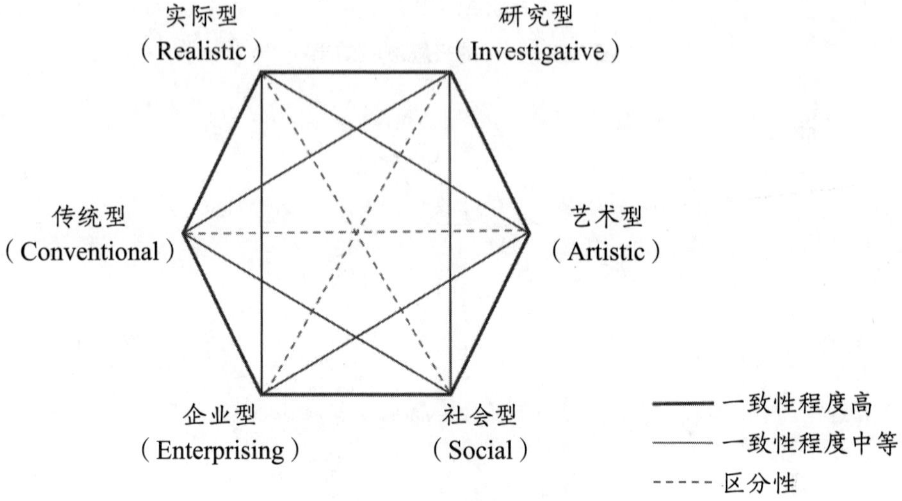

图 2.1　兴趣测验计分图

举个例子（根据标准化测验的得分），图 2.2 是小 A 的兴趣测验结果，其分数高低顺序是 S、A、I，所以小 A 的霍兰德码是 SAI 型。图 2.3 中将小 A 的霍兰德码与推荐的工作环境（职业）结合，可以鼓励小 A 尝试探索这三个类型内所列出的职业或专业。

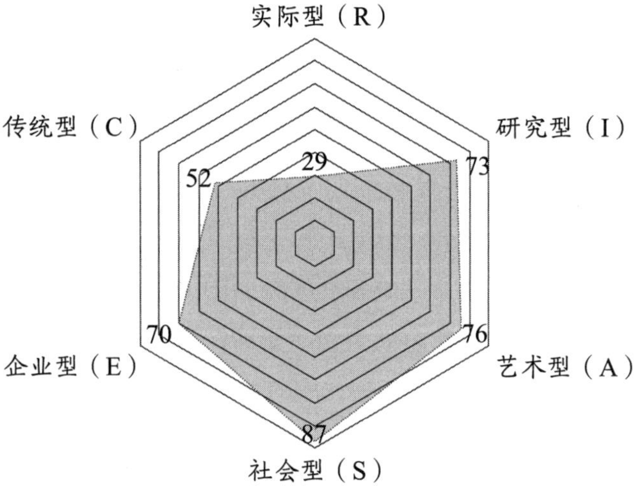

图 2.2　小 A 的兴趣测验结果

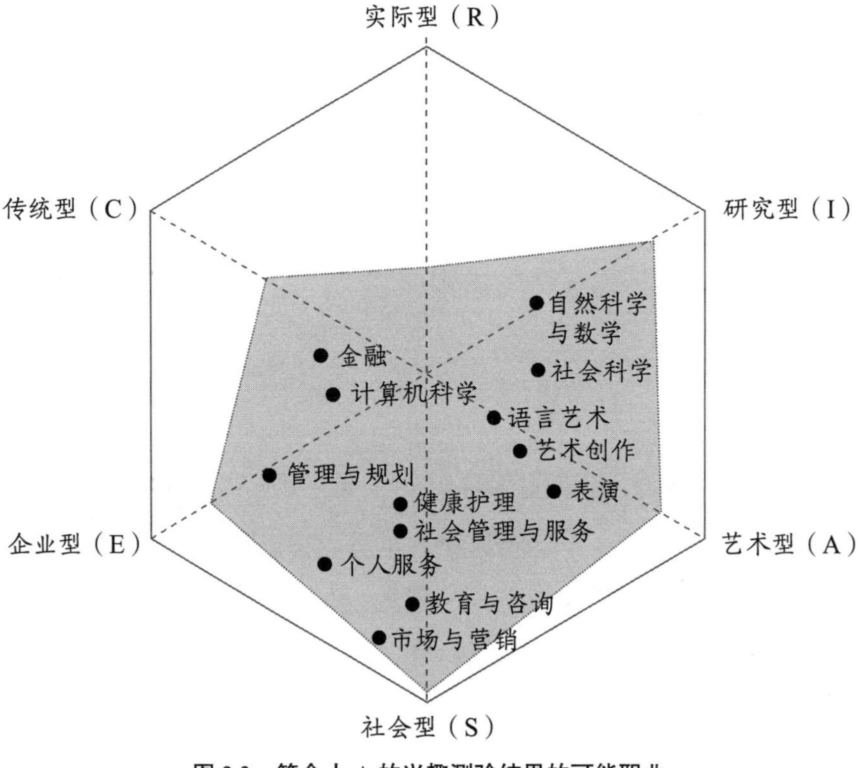

图 2.3　符合小 A 的兴趣测验结果的可能职业

咨询目标

根据霍兰德的理论，咨询师不会与来访者探讨长期的生涯发展，而是关注来访者“现在”的个人特质和工作环境特性的适配程度，除非来访者的过去经历对其现在的兴趣和能力有重要的影响。虽然对于需要探讨长程生涯发展或有错误生涯信念、较差自我概念、较低自我效能或较差决定能力的来访者不太适合，但是对当下想选择受教育专业或工作的来访者却非常实用，其生涯咨询的目标如下。

1. 运用测评工具分析个人特质的类型。
2. 运用信息了解教育（专业学习）或工作环境特性的类型。
3. 获得想要选择的教育或工作环境特性的信息。
4. 整合个人特质与教育 / 工作环境特性的信息，以探讨合适的教育或工作环境的选择。

因此，生涯类型论咨询的适用对象通常为：来访者关注的重点是做抉择，例如决定所学专业、职业、寻找新工作或休闲活动；但是不能有探索和做决定的障碍，例如非理性信念、低自我效能或缺乏做决定的能力等问题。

咨询案例

咨询师：博文，你今天来找我的目的是……

来访者：嗯……我是大一的学生，现在读的专业没什么意思，我也搞不清楚对什么有兴趣，所以想请你帮助我，选择一个自己喜欢的专业，大学毕业以后也能从事这方面的工作。

咨询师：你现在读的专业是什么？

来访者：我现在的专业是产品设计。

咨询师：嗯，这个专业在你们学校好像挺不错。

来访者：是的，我读了一学期，虽然成绩还可以，但实在觉得越来越没有趣味。

咨询师：那你对什么方面有兴趣？

来访者：我的兴趣好像很广泛，自己也不太确定。

咨询师：你曾经做过职业兴趣或者能力倾向方面的测验吗？

来访者：没有。

咨询师：那我们来做一个简单的测验，先看看你是哪种特质类型，再来找可能有兴趣的专业，好吗？（运用测量工具）

来访者：好。

来访者接受个人特质检核表测评（见附录），时间为15~20分钟，之后咨询师与来访者计算出来访者所属的个人特质类型。

咨询师：你做这个测验的感觉如何？

来访者：嗯，很有趣。从测验的结果看，我是AIR型，这是什么意思？

咨询师：是的，你是AIR型，根据你做的个人特质检核表，计分后以A的分数最高，其次是I，再次是R，而且R和I的分数很接近，A表示艺术型，I表示研究型，而R表示实际型。

接着，咨询师向来访者解释个人特质类型的意义（见小贴士）。

来访者：怎么办？我好像选错专业了，我应该读文学或艺术方面的专业。

咨询师：先别急，确定未来的方向需要一些时间（稳定来访者的情绪）。你的主类型是A，让我们来看看配合其他两个次类型，有什么专业较符合。然后，我们再一步一步地实现你的理想。

来访者：有什么专业是符合这三个类型组合的呢？

咨询师：我们不能凭空猜想，你愿不愿意上网查一查哪些高校艺术相

关的专业是符合这三个类型组合的？下周我们继续讨论。你会上网查信息吗？（鼓励来访者寻求资源或信息）

来访者：我会的，我曾经查过高校方面的信息。

咨询师：那好，看来我们已踏出了第一步（鼓励来访者），下周我们继续讨论。

下次咨询重点：运用信息理解所学专业的特性，以及整合个人特质类型和工作环境特性类型。

小贴士　个人特质类型的意义

实际型（R）的人情绪稳定、有耐性、坦诚直率，宁愿行动不喜多言，喜欢在讲求实际、需要动手的环境中从事明确固定的工作，依既定的规则，一步一步地制造完成有实际用途的物品。对机械与工具等较有兴趣，生活上亦以实用为重，与对未来的想象相比更看重眼前的事，比较喜欢独自做事。喜欢从事机械、电子、土木建筑、农业等工作。

研究型（I）的人善于观察、思考、分析与推理，喜欢用头脑依自己的步调来解决问题，并追根究底。他不喜欢别人给他指引，工作时也不喜欢有很多规矩和时间压力。做事时，他能提出新的想法和策略，但对实际解决问题的细节较无兴趣。他不是很在乎别人的看法，喜欢和有相同兴趣或专业的人讨论，否则还不如自己看书或思考。喜欢从事生物、化学、医药、数学、天文等相关工作。

艺术型（A）的人直觉敏锐、善于表达和创新。他们希望借文字、声音、色彩或形式来表达创造力和美的感受。喜欢独立作业，但不要被忽略，在无拘无束的环境下工作效率最好。生活的目的就是创造不平凡的事务，不喜欢管人和被人管。和朋友的关系比较随性。喜欢从事如音乐、写作、戏剧、绘画、设计、舞蹈等工作。

社会型（S）的人对人和善，容易相处，关心自己和别人的感受，喜欢倾听和了解别人，也愿意付出时间和精力去解决别人的冲突，喜欢教导别人，并帮助他人成长。他们不爱竞争，喜欢大家一起做事，一起为团体尽力。交友广阔，关心别人胜于关心工作。喜欢从事教师、辅导、社会工作、医护等相关工作。

企业型（E）的人精力旺盛、生活紧凑、好冒险竞争，做事有计划并立刻行动。不愿花太多时间仔细研究，希望拥有权力去改善不合理的事。他们善用说服力和组织能力，希望自己的表现被他人肯定，并成为团体的焦点人物。他不以现阶段的成就为满足，也要求别人跟他一样努力。喜欢从事管理、销售、司法、从政等工作。

传统型（C）的人个性谨慎，做事讲求规矩和精确。喜欢在有清楚规范的环境下工作。他们做事按部就班、精打细算，给人的感觉是有效率、精确、仔细、可靠而有信用。他们的生活哲学是稳扎稳打，不喜欢改变或创新，也不喜欢冒险或领导。会选择和自己志趣相投的人成为好朋友。喜欢从事银行、金融、会计、秘书等相关工作。

第二节　生涯发展论

舒伯（Donald E. Super）的生涯发展论采用差异心理学、发展心理学、职业社会学及人格理论等多重观点，其中差异心理学重视人在兴趣、能力、个性等方面的个体差异；发展心理学则描述个人特质的发展阶段；职业社会学强调环境对职业选择与适应的影响；人格理论则探讨人格形成、发展和转变与生涯的关系。舒伯综合上述各种理论，并以长期纵贯研究逐渐建构了一个完整的生涯发展理论（Super，1976）。

主要概念

1. 个人生涯受到自我概念的影响，自我概念是树立个人生涯形式的主动力，从婴儿期开始形成自我与他人的区别，并持续发展贯穿整个一生，职业的选择也是一个人自我概念的实现。
2. 生涯发展是一个终生历程，且有其发展阶段。
   （1）成长期：0—14 岁，发展态度、能力、兴趣、需求等。
   （2）探索期：15—24 岁，选择范围缩小，尚未做决定。
   （3）建立期：25—44 岁，在工作中尝试，设法安定下来。
   （4）维持期：45—64 岁，调适过程，以改善工作地位、情境。
   （5）衰退期：65 岁以后，退休前考虑，工作输出，最后退休。

3. 生涯是个人在某一特定时间结合在所有活动中扮演的生活角色的表现，这些角色如儿童、学生、工作者、休闲者、家长、公民等，而且会互相影响，其中工作者的角色最为重要，与其他角色有交互影响的密切关系。在人的一生中，角色的选择、时间长短和重要性经常改变，大多数时候个人是可以掌控的，而自我概念和价值观贯穿所有的角色。
4. 如同许多其他的技巧，做有效生涯选择的技巧依赖于一些特别知识的获得（关于自己、工作世界和特定职业）及完成适当的任务（例如知识的整合）。如果没有获得这些基本的知识和相关技巧，会影响其生涯成熟程度，而生涯成熟正是因应生涯发展任务的能力。
5. 虽然个人的自我概念、兴趣、价值、能力和目标是生涯选择和发展的重要因素，但是做生涯选择的环境条件也有其重要影响力。

咨询目标

根据舒伯的观点，咨询师非常重视来访者生涯发展的广度、深度和长度（延续性），以及自我概念的形成和生活角色的统整，并协助来访者统整影响生涯发展的内在因素和外在因素，以增进其生涯成熟。其咨询的目标如下。

1. 增进生涯成熟度，并减少生涯发展中因态度、技巧、知识等产生的障碍，以达成发展任务。
2. 有需要时，运用测评或会谈以分析自我概念和长处。
3. 理解生涯是生活中各种角色交互影响的组合，并协助选择生活角色和界定角色内涵，以达到生活的平衡。
4. 澄清兴趣、能力和价值，以及其与各种生活角色的统整。

因此，生涯发展论咨询的适用对象通常为：来访者求助的目的是生活角色之间产生冲突或不平衡，或对自己的兴趣、能力、价值观等有不清楚或不一致的困扰，以及关心自己未来的生涯发展和计划。

咨询案例

第一次会谈

咨询师：博文，你今天来找我的目的是……

来访者：嗯……我现在是大一学生，对所读的专业没有兴趣，自己也不清楚对什么有兴趣，所以想请你帮助我，选择一个自己喜欢的专业，以后大学毕业也能从事这方面的工作。

咨询师：看样子你开始思考类似“我是谁”和“毕业后想要怎样生活”的问题了。

来访者：喔，我没有想这么深，我只是想知道自己读的专业适不适合。

咨询师：了解自己和想要什么很重要（强调自我概念），寻找适合的专业是第一步，你有没有想过未来打算从事的一两个行业？

来访者：也不算真正想过，我知道自己喜欢文学或艺术方面的工作，我从小就对写作很有兴趣，也曾经得过短篇小说和散文奖。

咨询师：这是很好的起点，能多谈谈你对艺术方面的喜好吗？

来访者：我高中时曾当过学校话剧社的社长，我觉得自己能从指导同学排练和演出的过程中获得很大的满足，而且指导老师对我的表现也很满意，他说我有这方面的潜能。

咨询师：所以，从事这类艺术工作很吸引你？

来访者：是的。

咨询师：哪些行业属于你感兴趣的类型呢？

来访者：嗯，电影和电视的编剧，还有导演工作，不过我喜欢像一些名导演自己编剧，我不喜欢只当导演。

咨询师：你对导演和编剧的工作性质和内容了解多少？比如你喜欢的那些导演，是如何成功的？

来访者：我看过介绍他们的文章，但是对于导演和编剧的工作了解还是有限。

咨询师：你知道哪里可以获得相关的信息吗？

来访者：我曾经上网查过信息，还看过一些电影艺术的书，但都很粗浅。

咨询师：你愿意再多做一些了解吗？（鼓励来访者收集信息，以增进生涯成熟度）

来访者：我愿意。我还可以想办法去认识一些现在正在学习或者已经工作的人，了解他们实际的学习或工作情形。

咨询师：不错的想法，还有吗？

来访者：其实假期比较空闲的话，我也可以去横店感受一下氛围。

咨询师：那好，下次我们来讨论你所收集到的信息，如果能记录下来更好。

第二次会谈

咨询师：上次谈到寻找相关的信息，进行得还顺利吗？

来访者：我找到不少资料，并且整理了导演和编剧的工作性质和内容，这是我写的笔记。

咨询师：很好，让我们来看看你的笔记。

咨询师与来访者花一段时间讨论其有兴趣的导演和编剧工作。

咨询师：你现在有什么打算呢？

来访者：我很想去读戏剧影视文学专业。

咨询师：你是说你要转专业吗？

来访者：哎，我们学校没有这个专业。

咨询师：也就是说，如果现在你想读戏剧影视文学专业，你需要退学然后再去考？

来访者：是的。

咨询师：你父母会同意你的决定吗？（探讨其他生活角色的影响）

来访者：肯定有意见啊，但如果我很坚持，他们也会尊重我。不过我并不想退学再经历一次高考。

咨询师：确实，重新考一次很有压力，那我们来想想，现阶段如何兼顾你的理想目标。

来访者：我觉得我可以参加大学里的话剧社团，上网看看戏剧影视文学方面的课程，如果可以，以后还有机会考研。

咨询师：不错的想法，那对现在的专业学习你有什么打算？

来访者：其实现在这个专业也是我选的，虽然当初没想太多随便选的，但也不至于讨厌。现在学的都是基础理论课，等到大二大三开始专业实践学习可能会好一点，我可以再等等看。

咨询师：太好了。我还有一个问题想请教你，你希望五年后及十年后的生活是什么样子的？

来访者：你的意思是？

咨询师：比如说，结婚成家、生儿育女、居住的地方、住的房子、休闲活动等。

来访者：这跟我有兴趣的专业有关系吗？

咨询师：我想这是很重要的，因为这些都与你将选择的专业和未来的工作息息相关。

（强调生涯发展的终生历程）

来访者：我想五年后我大学毕业找到一份与设计相关的工作，居住在电影工业发达的城市，可能会找一份影视相关的兼职，比如业余收集素材、拍拍短视频之类的……十年后应该已经结婚了，但还没有小孩，因为还在开创事业嘛（笑），那时候希望能有自己的工作室，至少写两三个剧本吧。

咨询师：听起来，是个充满希望的未来呢。你刚才也提到了工作以外的生活，为了更顺利地过上想要的生活，我们可能需要想得更仔细一点。这里有一个生涯彩虹图和一份价值检核表，对你可能会有帮助，你愿意试试吗？

来访者：好呀。

咨询师介绍生涯彩虹图，与来访者讨论从过去、现在到未来的角色有哪些，鼓励来访者画出自己的生涯彩虹图。接着，指导来访者利用价值检核表（见附录），进一步思考自己的生涯彩虹图的每个角色最重视的价值是什么。

小贴士　生涯彩虹图

美国生涯发展大师舒伯说：人的生涯发展如同一道彩虹。在这幅图中，生涯发展的阶段大致可分为五个时期。

1. 成长期：0—14 岁，该时期的生涯为发展态度、能力、兴趣、需求等。
2. 探索期：15—24 岁，该时期的生涯选择范围缩小，尚未做决定。
3. 建立期：25—44 岁，该时期在工作中尝试，并设法安定下来。
4. 维持期：45—64 岁，该时期的生涯为调适过程，以改善工作地位、情境。
5. 衰退期：65 岁以后，该时期开始做退休前考虑，工作输出，最后退休。

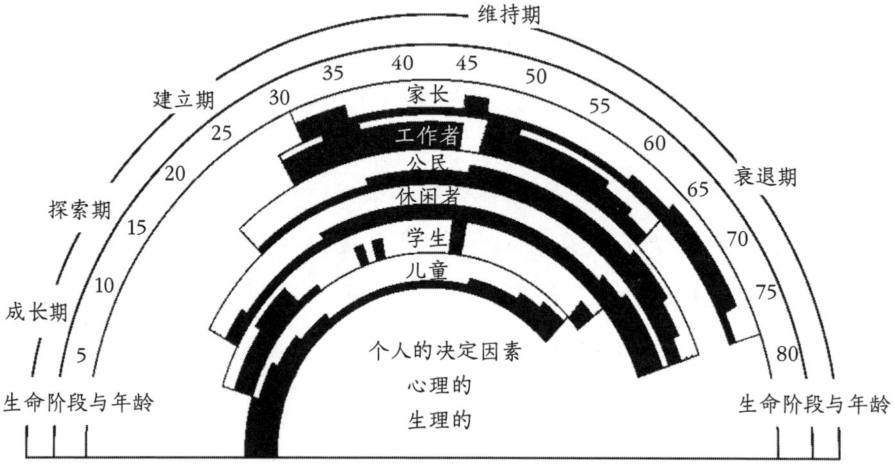

上面的图是舒伯提出的典型例子，从图中可以看到在每个生命阶段扮演的生活角色，如儿童、学生、工作者、休闲者、家长、公民等。这些角色彼此之间会交互影响，大多数人可能有相似的角色，但也会有因人而异或比重不同的角色。图中的黑色部分代表一般人在某个生命阶段和年龄扮演各个生活角色所占的比重。

在人的一生中，角色的选择、时间长短和重要性经常改变，大多时候是个人可以掌控的，而个人的价值观会贯穿所有的生活角色。

咨询师：你了解这幅图的意思吗？有什么想问的吗？（等待来访者的反应，如果需要再解释）。

咨询师：现在，你可以尝试画一个自己的生涯彩虹图（见附录），并且列出自己认为要扮演的角色是哪些？除了上面举出的角色外，你也许会想到其他更多的角色，比如子女、夫妻、领导、下属、祖父母等。至于可能扮演的角色，你可以用想象的方式列出。来！发挥你的智慧，展望自己的生命彩虹。

来访者大约花了 15 分钟的时间完成。

来访者：我现在了解你要我做这些事的用意了，选择的专业与未来的生活角色、价值观其实是密不可分的，我觉得我还是会把专业当成主业发展，兴趣可能是副业，或者在人生后半段成为主业也说不准。

咨询师：太好了，你把这些都放到了一起思考，相信你已经有了自己的计划，为你鼓励打气，开始行动吧。

后续咨询重点：检验来访者采取行动的成果，持续鼓励其实践。

第三节　社会学习论

社会学习论源自心理学的学习理论，约翰·克伦伯兹（John Krumboltz）认为生涯的选择乃终生的历程，而非偶发事件。个人的生涯选择和发展经由其学到的行为演变而来，个人有能力学习对自己的生涯发展有益的新行为。

主要概念

1. 影响一个人生涯决定的四类因素如下。

（1）遗传因素和特殊能力，可能影响或限制个人的学习经验和抉择的自由。

（2）环境中的情况和事件，如求学和就业经验、社会政策、社会变迁、家庭等因素，这些均非个人能控制的，但对个人的学习和抉择有重大影响。

（3）学习经验（工具式及联结式），包括学习理论中的工具式的学习和联结的学习。

（4）任务取向的技能，是问题解决、工作习惯、心态、情绪反应、认知历程等因素交互作用的产物。

2. 上述四种影响因素之间交互作用产生的结果如下。

（1）自我观察的推论。个人对自我表现的评估，包括兴趣、喜好、工作价值等学习而来的结果，是生涯抉择的关键。

（2）世界观的推论。个人对外在环境与未来发展的评估，也是学习而来的经验。

（3）任务取向的能力。个人从学习中培养的能力，如价值观念的澄清、目标的决定、寻找不同的解决途径、收集资料、预测未来发生的事、计划等。

（4）行动。个人综合各种学习经验、评估自我与环境、提高任务取向能力，做出引导自己发展的实际行动。

3. 个人从学习经验中可能发展出一些非理性信念，对于生涯抉择和发展造成障碍，如以偏概全的推论、对失败事件夸大的负面情绪或想法、先入为主的成见、狭隘的比较标准等。

4. 个人会将学习经验和自我观察类化到新事物的学习上，尤其经由正面强化和正面的角色模仿对象。

5. 生涯不确定是可以接受的和正面的情况，且能激发经验探索，以及创造新的学习机会。

咨询目标

咨询师的重要任务是鼓励来访者的生涯探索行为，评估和扩展旧的学习经验，以及学习新技巧、产生新经验。其咨询的目标如下。

1. 澄清和排除影响生涯抉择和发展的非理性信念。
2. 教导做决定和其他任务取向的能力。
3. 创造增强来访者正面行为经验的机会。
4. 帮助来访者获得正面的角色模仿对象。
5. 发展朝向自我选择的目标的适当生涯计划的能力。
6. 帮助来访者接纳不确定是正常的情形，并将其运用于新经验的学习。

克伦伯兹（1973）进一步说明以下生涯咨询的八个步骤。

1. 界定问题和来访者目标。
2. 寻求和获得达成目标的共识。
3. 类化可能的问题解决。
4. 搜集各种选择的信息。
5. 检验每一个选择的结果。
6. 再评估目标、选择和结果。
7. 做决定或选择。
8. 类化做决定的过程，以解决新的问题。

因此，社会学习论咨询的适用对象通常为：来访者需要的是澄清非理性信念、学习新技巧或经验，以及增进自我概念和实际的行动体验。

咨询案例

咨询师：博文，你今天来找我的目的是……

来访者：嗯……我现在是大一学生，对所读的专业没有兴趣，自己也不清楚对什么有兴趣，所以想请你帮助我，选择一个自己喜欢的专业，大学毕业后能从事这方面的工作。

咨询师：在你这个年龄阶段，有一些不确定是很正常的。不过，做专业决定似乎有时间的压力，你觉得什么可以帮助你做决定？（界定问题和目标共识）

来访者：我需要许多关于我感兴趣的工作以及可以从事这些工作的专业的信息。

咨询师：是的，这是解决问题的开始，以前你为什么没有去寻找这些信息？

来访者：我对寻找这些信息缺乏信心，所以想请你帮助我。

咨询师：我注意到你之前填写的资料中，你对自己做决定的能力不太肯定。能不能告诉我，你过去做过什么重要的，而且成功的决定？你能想到一个印象深刻的例子吗？（探讨过去经验和可能的问题解决方法）

来访者：我想我选择现在就读的学校，就是一个很好的决定。

咨询师：怎么说？

来访者：离家比较近，交通方便，学费还便宜，而且大学学历毕业比高中毕业好找工作。

咨询师：你当初是怎么做决定的呢？

来访者：首先，我把离家100公里的学校列了一个表，然后先排除一些私立学校，因为学费较贵。我也排除了一些入学成绩较高的学校。最后，我选择了两所学校。我不仅上网看过它们的网站信息，而且分别参观过这两所学校。哦，对了，我还请教过从这些学校毕业的校友。只是，读了一阵子发现自己没有兴趣。

咨询师：这个决定的过程很清楚，你能将这个过程运用到现在的专业选择上吗？（类化问题解决之道）

来访者：我想我可以做到，但是我对自己将来的职业没有任何概念，只知道自己对文学和艺术方面有兴趣。

咨询师：你有这方面的经验吗？

来访者：我从小就对写作很有兴趣，也曾经得过短篇小说和散文奖。

咨询师：这是蛮好的起点，能多谈谈对艺术的喜好这个方面吗？

来访者：我高中时曾当过学校话剧社的社长，我觉得自己能从指导同学排练和演出的过程中获得很大的满足，而且指导老师对我的表现称赞有加，他说我有这方面的潜能。

咨询师：所以，从事文学或艺术这类工作很吸引你，那你有没有想过什么样的工作符合你的兴趣？

来访者：嗯，电影和电视的编剧，还有导演工作，不过我喜欢像一些名导演自己编剧，我不喜欢只当导演。

咨询师：那你对导演和编剧的工作性质和内容了解多少？

来访者：我看过介绍他们的文章，但是对于导演和编剧的工作的了解还是有限。

咨询师：你知道哪里可以获得相关的信息吗？

来访者：我曾经上网查过信息，还看过一些电影艺术的书，但都很粗浅。

咨询师：你愿意再多做一些了解吗？（鼓励来访者收集各种选择的信息）

来访者：我愿意。我还可以想办法认识一些现在在学或已经工作的人，了解他们实际的学习或工作情形。

咨询师：那好，下次我们来讨论你所收集到的信息，一起来评估你有兴趣的职业，以及未来可能的发展。

下次咨询重点：检验来访者收集信息的成果，以及再评估目标、选择和结果。

第四节　生涯建构论

近年来，建构取向的生涯理论越来越受到重视。建构论源自凯利（G. A. Kelly，1955）的个人建构心理学，他认为个人通过自己所建构的一组透视镜或模板来观察世界，并试图使之符合现实。皮威（R. V. Peavy）撷取凯利的理念于1992年创立了“建构主义生涯咨询（constructivist career counseling）”，强调个人能够经由自己所做的决定和所选择的行动来建构意义。相较前述三个传统理论，建构论认为个人面对生涯规划的意图、目标和决定，比起所谓的人格类型、自我概念或过去的学习等观点，更具有前瞻的意义。

主要概念

皮威的生涯建构论强调咨询师面对来访者时必须思考四个问题。

1. 我如何能与来访者建立合作的同盟关系？
2. 我如何能鼓励来访者帮助自己？
3. 我如何能帮助来访者反思和评估与其决定有关的建构和意义？
4. 我如何能帮助来访者重新建构个人的意义，并且与社会可接纳的现实做协调？

上述第一个问题强调“关系因素”，它是帮助来访者界定未来方向的重要因素。第二个问题是“当事人因素”，咨询师要重视来访者的自我赋能（empowerment），并且愿意对自己制订未来方向、获得有意义的生涯负责。第三个问题是“发展意义因素”，咨询师考虑可能帮助来访者建构自己生涯的技术或策略。第四个问题是“协商因素”，咨询师帮助来访者在个人生涯建构与外在环境可能影响的人、事和物之间做协调。

咨询目标

1. 与来访者形成一个强力支持的关系，以强化他们的独立性。同时，帮助他们从自己的意图和建构里，获得充分的自我和工作世界的知识。
2. 增强来访者的能力，引导其愿意承担自我责任，以及拥有建构和执行个人有意义规划的自我效能（self-efficacy）。
3. 帮助来访者针对现实分析个人建构（计划），思考可能影响的内在因素或外在条件，进而修订计划。

因此，生涯建构论咨询的适用对象通常为：来访者关注的重点是如何确立未来生涯的方向和意义，或是受到外在环境的人、事和物的影响，致使自己的个人生涯建构有冲突或不协调的问题。

咨询案例

咨询师：博文，你今天来找我的目的是……

来访者：嗯……我现在是大一学生，对所读的专业没有兴趣，自己也不清楚对什么有兴趣，所以想请你帮助我，选择一个自己喜欢的专业，以后大学毕业后能从事这方面的工作。

咨询师：听你的语气，感觉你有些焦虑？（察觉和共情，建立同盟关系）

来访者：是呀，我已经 20 岁了，我想尽快确定专业，而且希望早日毕业从事自己喜欢的工作。

咨询师：你的意思是，如果早些确定专业会使你安心。

来访者：对啊，我看周围很多同学好像都知道他们想要的，而我只是想读一个自己喜欢的专业。

咨询师：我想没有人能告诉你该怎么做，因为只有你最清楚自己想要什么，但我可以帮助你思考和规划个人的生涯。（鼓励自助）

来访者：我想你一定有什么测验，可以帮助我确定。

咨询师：是的，我这里是有一些能帮助你了解兴趣、能力和价值观的测验，但是生涯规划是更大的计划。你说现在读的专业不是你想要的，那你想要什么？（引导来访者思考个人建构和意义）

来访者：我喜欢文学或艺术方面的工作，我从小就对写作很有兴趣，也曾经得过短篇小说和散文奖。

咨询师：这是很好的起点，你可以多谈谈你对艺术的喜好。（增强自我效能）

来访者：我高中时曾当过学校话剧社的社长，我觉得自己能从指导同学排练和演出的过程中获得很大的满足，而且指导老师对我的表现称赞有加，他说我有这方面的潜能。

咨询师：从事这类文学或艺术工作很吸引你，这与你现在读的专业是很不同的两条路？

来访者：所以，我要放弃现在的专业，我不想再浪费生命。

咨询师：浪费生命？这是很强烈的形容。

来访者：是的，我要做自己觉得重要的事。

咨询师：你所说的重要的事是？（继续引导来访者思考个人建构和意义）

来访者：读自己喜欢的专业，将来做自己喜欢的工作。

咨询师：做这类工作可以让你获得什么？比如金钱、名声、成就感等。

来访者：我认为金钱和名声不能给人带来快乐，可能可以满足成就感，但我……

咨询师：你想过什么是你喜欢，而且认为重要的工作？（继续引导来访者思考个人建构和意义）

来访者：例如电影和电视的编剧，还有导演工作。

咨询师：那你对这些工作的性质和内容了解多少？

来访者：我了解一些导演和编剧的工作，但还是有限。

咨询师：你是怎么了解的？

来访者：我看过一些电影艺术的书，但都很粗浅。

咨询师：我们好像可以开始学习收集相关的信息，例如上网收集信息，还有拜访一些现在正在学习的学生，以及毕业从事这类工作的人（鼓励自我负责及增强自我效能）。然后，我们再来讨论和分析他们专业学习的情形，更重要的是你是否喜欢他们的生活形式。好吗？（引导来访者思考个人建构与社会现实的协调）

来访者：好，我先上网收集信息，我还有高中同学在艺术学院舞蹈系，可以问他是否认识戏剧或电影系的学生。

咨询师：好极了，下次我们来看看你的进展。

下次咨询重点：检验来访者的进展，以及探讨个人建构（想象的规划）与社会现实（实际的现况）之间的协调性。

思考活动

1. 霍兰德的生涯类型论有什么优点和局限？对于今日的就业市场或工作环境是否适用？可能有其他类型吗？如果有，可能是哪些？
2. 你认为一个人的特质类型，可以解释他适合从事哪种类型的工作吗？或根据工作环境的类型可以推断出他可能喜欢的职业类型吗？理由是什么？
3. 四个主要生涯理论的概念有什么不同？就目前而言，哪一个或几个能对你的生涯带来一些启示？
4. 尝试画出自己的生涯彩虹图。当然，在你现在的年龄之前的部分是已经发生的，之后的部分是你的期待。

第三章
生涯咨询的基础

生涯咨询除了一些特别的技术（见第四章），基本技术与心理咨询的技术大致相同。和心理咨询一样，生涯咨询需要咨询师与来访者建立良好的咨询关系，因为咨询关系是所有技术的基础，是需要在实际的咨询活动中不断创造和增进的，并且贯穿咨询的全过程。

因此，本章首先阐述的是影响咨询关系的重要因素，其次介绍一些有助于咨询师与来访者建立良好咨询关系的基本技术，而这些技术对于来访者的问题解决和目标达成也是相当有效的。同时，为了更好地理解和学习应用这些技术，将以一些例子来说明每一种技术的用法，以供学习者参考。最后，特别介绍一些生涯咨询中较难处理的来访者，特别是一些非自愿来访者，这对咨询关系的建立是一个很大的挑战，值得探讨其背后的原因以及如何去帮助这些非自愿来访者。

第一节　建立咨询关系

虽然心理咨询的各理论流派会使用不同的词汇描述咨询关系，如助人关系、同盟关系及工作关系等，但它们都肯定了咨询关系是帮助来访者解决问题的基础。如果咨询师与来访者建立起良好的咨询关系，不仅可以帮助来访者发现自己可依赖的优点，重新建立自信，还可以指导来访者切实运用个人的能力（Bohart & Tallman，1999），而且更有利于咨询师和来访者之间的沟通、了解以及澄清来访者的问题（Amundson，Harris-Bowlsbey & Niles，2005）。所以，咨询关系不仅建立于咨询的初期，而且贯穿于咨询全程，也是让咨询发挥作用的必不可少的渠道。

谈到咨询关系，必须提及以人为中心疗法的创始人卡尔·罗杰斯（Carl Rogers），因为他可以说是众多学派中最重视咨询关系的大师。1957年他就提出了心理咨询与治疗的关系要素为真诚和温暖、尊重和接纳与共情的理解。所谓“真诚和温暖”指的是咨询师在咨询中真实地表现出自己的感受，并且通过温暖的态度、语气和表情，对来访者传递关心。“尊重和接纳”则是咨询师相信来访者与生俱来的价值与潜能，并有能力在咨询中表达这种信任，让来访者感受到积极、正面的肯定和鼓励，从而激发他们内在的能力，为自己的成长、改变、目标制订、做决定与最后的问题解决负起责任。而“共情的理解”是咨询师从来访者的角度去共情其感受、想法或经验，并能将这种信息传递给来访者，让来访者知道自己所说的被接纳和理解。

罗杰斯还特别强调了咨询师必须通过“倾听（listening）”对来访者表达真诚和温暖、尊重和接纳及共情的理解。而倾听与我们一般的听（hear）有所不同，伊根（Egan，1998）把一般的“听”分成以下四种。

1. 听而不闻：咨询师虽然表现出了听的模样，但是并没有真正地投入。
2. 部分地听：咨询师对来访者的述说只是选择性地听，听到了一些片段，却不能理解来访者问题的全貌，而且常常断章取义。
3. 录音式地听：虽然咨询师听着来访者所说的每一句话，但心思没有放在来访者身上。因此，只听见来访者说的表面话语，但对来访者话里的真正含意却很难知悉。
4. 复述：咨询师因不明白来访者想要表达的意思，只能不断地复述来访者的话语，使来访者感觉自己的述说不能被倾听而可能停止继续表达。

上述除了“听而不闻”谈不上是听之外，伊根指出，咨询师可能受限于自身的成长背景、家庭经验及文化教育等因素，在听的过程中表现出部分地听、录音式地听或复述，这会造成对来访者问题的不完整的认知，甚至错误的认知，从而形成不恰当或无效的咨询目标和咨询方式。因此对来访者的帮助有限，甚至影响来访者再来咨询的意愿。

为了区别于上述四种一般的听，伊根强调“共情的倾听（empathic listening）”是最恰当的听，也就是咨询师能够通过全神贯注地观察来访者的表情，倾听来访者的言语叙述，投入来访者的世界中，逐渐了解来访者想要表达的意思，而且做出适当的回应。因此，共情的倾听可以说是所有咨询师必须学习的一种基本态度。

而与共情的倾听相辅相成的另一个重要条件，则是阿蒙森等人（2005）强调的“看重（mattering）”的咨询气氛。所谓看重是一个人觉得自己很重要以及被尊重的主观感受，而这种看重的感觉是咨询关系中的主要成分。他们认为在咨询中被看重的程度分为四个层次：最初的层次是基本的视觉上的注意，如来访者希望当他一进咨询机构时，能被接待人员或咨询师注意到；第二个层次是来访者不只被注意到，而且能真正感觉到自己是安全和重要的，如咨询师在咨询中不仅倾听来访者说话，而且表情和动作呈现出友善和关心；第三个层次是让来访者觉得自己前来咨询不仅能获得帮助，而且能有机会帮助他人，虽然这种情形在团体咨询中较易有机会表现和分享，但在个体咨询时也可以鼓励来访者自助后助人；最高层次的看重则是，来访者觉得自己与咨询师已经超越了个人和专业的关系，咨询师是在真诚地关心他的困难和幸福。阿蒙森等人更进一步提出对来访者全方位看重的表达和行动，他们用英文的“请（PLEASE）”一词来说明被看重的表达方式。

P：保护（protecting），提供来访者自我探索时的安心和安全；

L：倾听（listening），愿意花时间听来访者说故事，专注其故事背后的感受；

E：探究（enquiring），通过提问和澄清，表达对来访者生命的兴趣；

A：体会（acknowledging），以言语和非言语行为来表达对来访者的理解；

S：支持（supporting），以积极的态度和行为给予来访者鼓励和肯定；

E：交流（exchanging），在适当的时机和来访者真诚地分享自己的经验。

看重的感觉不仅存在于咨询师和来访者之间，也存在于咨询师与咨询机构之间。当咨询师被管理机构看重，咨询师也自然看重来访者。增加来访者被看重的感觉的方法之一，就是改进咨询师的工作气氛，因为当咨询师对自己和工作环境感觉良好的时候，他们才会将看重的感觉传递给来访者。

第二节　生涯咨询基本技术

诚如上述，真诚和温暖、尊重和接纳与共情的理解，以及让来访者感受到被看重的咨询气氛，都是咨询的重要前提。然而，只具备态度和气氛是不够的，咨询关系必须靠一些基本技术来建立。下面将介绍一些咨询的基本技术，并且模拟咨询师与来访者的对话来说明这些技术的用法，供学习者参考。在介绍和说明之前，需要提醒读者的是，要正确和恰当地运用这些技术，需要长期的练习和经验的积累。有一些在本质上相近或相似的技术，则需要有弹性地交互或结合运用，切勿一味地使用单一技术或过度使用少数几个技术，这会使咨询过程变得机械呆板，导致咨询效果大打折扣。

身体语言的表达

一般人总是认为，人际交流中最重要的是语言沟通。事实上，研究显示非语言沟通在人际交流中的比例占 70% 以上，它不仅比语言沟通重要，而且非语言的表达往往比语言的表达更准确。非语言沟通又可区分为身体语言和副语言，身体语言如五官表情、姿势动作等，副语言如说话的音量、速度等。在咨询过程中咨询师的身体语言尤其重要，因为它是最先且最能反映出咨询师的真诚和温暖、尊重和接纳与共情理解的信号。例如，面对来访者说话时，眼神不断注视表示关心、点头微笑表示理解、倾身侧耳表示投入等。身体语言的表达不止上述这些，根据实务操作经验，当咨询师保持“心理专注”时，不仅能自然地做出上述的基本表达，而且会表达得更丰富精彩、更生动。

复述

复述是咨询师重复来访者所说的整句话或关键字。咨询师就像一面镜子，将来访者所表达的想法和感受反射回去，让来访者重新思考自己刚才所说的话的含意，并加以说明、确认或修正。通常，咨询师复述的话是以问号收尾的，举例如下。

来访者：我不知道我为什么会选这个专业，当初这就是一个错误选择。

咨询师：你不知道你为什么会选这个专业，当初这就是一个错误选择？（复述整句话）

来访者：嗯，当初也是自己选择的，只是没想到读了以后才发现自己没兴趣。

来访者：我觉得自己能力不够。

咨询师：能力不够？（复述关键字）

来访者：其实也不是，可能是信心不够。

简述语意

咨询师按照自己理解的意思，将来访者的想法与感受简要地反映出来。换言之，就是咨询师将来访者的表达改成自己理解的话语。因此，简述语意也称为“改句子”。

简述语意可以让来访者重新思考自己刚才所说的话的含意，并进一步加以说明、确认或修正。

简述语意的用法举例如下。

来访者：我不知道我为什么会选这个专业，当初的决定似乎就是错误的。

咨询师：你觉得自己当初选错了专业？

来访者：嗯，当初也是自己选择的，只是没想到读了以后才发现自己没兴趣。

来访者：是呀，我已经20岁了，我想尽快确定专业，并且希望早日毕业从事自己喜欢的工作。

咨询师：你的意思是，如果早些确定专业会让你感到安心。

澄清

与重述和简述语意相近的另一技术是澄清，即咨询师请来访者进一步说明或解释其所表达的意思、想法或感受。澄清也可以帮助来访者重新思考自己刚才的表述，并进一步表达其真正的含意。

澄清的用法举例如下。

来访者：我觉得自己能力不够。

咨询师：你说你觉得自己能力不够，是指什么？能说得清楚些吗？

来访者：我父母希望我将来能出人头地，我恐怕会让他们失望。

咨询师：你将来要如何，才是父母认为的出人头地？

具体化

与澄清有些类似的是具体化，其区别在于澄清大多是针对来访者表述中的某些词汇的再理解，而具体化则是请来访者对自己的表达更进一步具体描述或举例说明，特别是当来访者表达的是一些抽象的形容或不完整的叙述时。来访者在尝试具体描述或举例说明中，就会把自己的想法或感觉进行重新整理，更清楚地呈现自己真正的想法或感觉。这样，不仅能帮助来访者澄清其模糊话题、聚焦于特定问题，而且能帮助来访者思考这些问题的原因，甚至可能让他们发现解决问题的方法。

具体化的用法举例如下。

来访者：我觉得自己的聪明程度不如同学，再怎么努力念书，成绩都不如他们。

咨询师：你所说的成绩是指每一门专业科目吗？

来访者：哦，不是的，只是在两门重要的专业科目上。

来访者：很多事情开始的时候还好，但做着做着我就觉得没意思了。

咨询师：嗯，最近一次，你有这样的感觉是做什么事呢？能详细说说吗？

摘要

摘要是指咨询师在与来访者进行谈话之后，对其重要的内容及信息进行整理和强调。这样不但能为来访者与咨询师提供曾经讨论过哪些内容的回顾，而且能利用此回顾来制订咨询目标和谈话的优先顺序。摘要不一定都由咨询师来做，有时也可请来访者自己做心得回顾和谈话内容整理。

摘要的用法举例如下。

咨询师：今天我们谈了很多，让我们来回顾讨论的一些内容，并且计划下一次要讨论的主题。在我的印象里，你清楚自己的兴趣，也明确了兴趣和专业学习的关系。准备去认识和接触从事文学艺术工作的人，了解他们的学习或工作情况……我是否遗漏了什么？

来访者：哦，还有我可能需要找时间和父母沟通，我认为得到他们的支持这一点是重要的。

咨询师：很好，我们现在有了一个清楚的方向，回去试试看，下周再讨论接下来的计划。我们还有一点时间，在结束之前，对于今天的谈话内容，说说你的想法好吗？

来访者：嗯，在把兴趣和专业的关系理顺之后，我好像没有来之前那么焦虑了。想想未来的五年、十年，我觉得未来可期。继续读现在的专业并不意味着我要完全放弃兴趣，将来的事谁也说不准呢。

反映内容和感受

反映内容是指咨询师针对来访者表达的一些想法（内容）与情绪（感受），给予相应的反馈。借由这些反馈，咨询师可以了解和分享来访者的想法和感受，而后通过来访者的应答，来反映咨询师的观点。反映感受则是指咨询师针对来访者语言背后的感受或情绪做反应。

反映内容和感受的用法分别举例如下。

来访者：我知道我自己想要的是什么，但现在却是不同的方向。

咨询师：你很清楚自己想要的是什么，但你觉得目前却走向了相反的方向。（反映内容）

来访者：走？我觉得是“被迫”，这样的描述比较符合我现在的情形。

咨询师：能不能具体说说是怎么样一种“被迫”？

咨询师：听起来你有点害怕，尤其是太大的改变会让你感到很焦虑，是吗？（反映感受）

来访者：不只是焦虑，还有一种孤独无助的感觉。

咨询师：嗯，我想我们可以多谈谈这个部分，你愿意多说一点吗？

知觉检核

咨询师将咨询中接收到或理解的咨询信息和内容，请来访者确认其正确性，这就是知觉检核。有的时候，咨询师对来访者的谈话、想法及感受的理解和感知不一定完整且正确，知觉检核可以为来访者提供做补充或修正的机会，同时也可强化来访者的信心和所做的一些决定。

知觉检核的用法举例如下。

咨询师：我试试我是否了解你所说的，你的兴趣很广泛，自己也不太确定喜欢什么。我说得对吗？

来访者：我的兴趣是很广泛，但我还是比较喜欢文学和艺术这类。

咨询师：好极了，那我们来谈谈你对文学和艺术方面的喜好吧。

咨询师：到目前为止，你已经很确定自己想要的是什么了，是吗？

来访者：是的，我会朝这个方向去努力。

咨询师：让我们来谈谈你今后的计划，你第一步准备做些什么呢？

探究

咨询师搜集与来访者问题有关的特殊信息，让咨询师对来访者有更深层的了解，特别是搜寻那些对来访者的进步有重要作用的信息。

探究的用法举例如下。

来访者：我好像听到我的内心在说话。

咨询师：哦？它说些什么？

来访者：我想那是想要追求未来幸福的声音，听上去就像提醒我现在不快乐。

咨询师：你想过有哪些行业属于这一类的吗？

来访者：嗯，电影和电视的编剧，还有导演工作，不过我喜欢像一些名导演那样能自己编剧，我不喜欢只当导演。

咨询师：你对导演和编剧的工作性质和内容了解多少？你对那些导演是如何成功的了解多少？

来访者：我看过介绍他们的文章，但是对于导演和编剧工作的了解还是有限的。

引导

咨询师使用一些简短的语言，例如“嗯，我了解”“然后呢”“你能多说一点……”“你的意思是……”“你是怎么知道的”等，鼓励来访者做更深的探究，有助于来访者更多地自我了解。

引导的用法举例如下。

咨询师：你说你父母对你有很高的期望，但你并没有告诉我你父母对你的期望是什么？可否谈谈这个部分？

来访者：他们希望我在这个专业上好好努力，毕业后找到一份有前途的工作，将来能够出人头地。

来访者：是的，我要做自己觉得重要的事。

咨询师：你所说的重要的事指什么？

提问

咨询师可以用提问的方式来获得来访者的重要信息，也能让来访者掌控自己想要表达的意思。提问分为开放式提问和封闭式提问，封闭式提问通常多为“是不是”“对不对”“好不好”等方式，如此来访者的回答自然就很少，或以摇头、点头的方式来回应。如果咨询师想让自己的提问能够获得来访者更多的信息，则要多使用开放式提问。开放式提问是将责任放在来访者的身上，让他们对想要分享的信息拥有某种程度的掌控权。

提问的用法举例如下。

来访者：我想过上周我们所谈的内容，我觉得自己应该设法改变。

咨询师：哦？你认为应该改变什么呢？

来访者：我应该去面对现实，不能再这样逃避了。

咨询师：你能否再多说一点，不能再逃避什么？

来访者：我觉得自己过去碰到一些事情时，总是逃避做决定，比如……我想自己有些逃避改变的心理，就像高中时……

来访者：我对文学或者艺术很感兴趣。

咨询师：你有没有想过什么样的工作符合你的兴趣？

来访者：嗯，电影和电视的编剧，还有导演工作，不过我喜欢像一些名导演那样能自己编剧，我不喜欢只当导演。

咨询师：那你对导演和编剧的工作性质和内容了解多少？

到目前为止，上述的这些技术都是根据来访者的叙述来做反应，属于初阶共情。伊根（1998）将共情区分为初阶和高阶。初阶共情是理解、澄清来访者表达的表面情绪和意义，如上述的那些技术。而高阶共情则是理解、澄清来访者未察觉或隐而未现的真正想法或感受。

第三节　高阶共情技术

高阶共情的运用通常在咨询的中后期，即在咨询师和来访者已经建立了良好的咨询关系之后。因为高阶共情可能对来访者造成一定的威胁性和冲击，除了把握好使用的时机外，使用时也要做到态度谨慎和表达委婉。下面介绍四种常用的高阶共情技术。

描述来访者的身体语言

咨询师除了可以反映来访者的想法和感受外，还可以针对来访者的身体语言来描述。要注意的是，不要过度形容每一个细微的表情或动作。咨询师的目的是从来访者的表情或动作中确认与他们的语言相一致的内容，以进一步澄清说话的真实含意。描述身体语言的句子通常以问号收尾，举例如下。

来访者：你是对的，我并不确定这是我自己想要的。

咨询师：当你这么说的时候，脸上的表情好像很无奈，我的观察对吗？

来访者：（微笑）我对自己所读的这个专业感到厌烦，我不喜欢自己就这样勉强读下去。

咨询师：我注意到好几次当你谈到厌烦、勉强或不喜欢时，好像都会微笑。这些微笑代表什么意思？

面质

面质是咨询师在面对来访者出现了前后言语相互矛盾或言行不一致时，以一种真诚的态度反馈给来访者，用这种直接的反馈来帮助来访者思考和洞察自己的矛盾或不一致，引入他者视角，帮助来访者了解自己的人际呈现。运用这个技术对于来访者是一种挑战，因此咨询师的态度和语气宜亲和婉转。面质的用法通常以问句收尾，举例如下。

来访者：我觉得自己是一个特立独行的人，不在乎别人的看法……（一段叙述后），当同学说怎么连我都考不好时，我听了很生气。

咨询师：我先前听你说你不在乎别人的看法，后来又听到同学议论你时你感到很生气，似乎有些矛盾，你怎么看？

咨询师：我听到你的话，感觉你心里所想的和实际行动好像不大一致，你觉得呢？

来访者：嗯……是有一点，我心里总是犹豫不定，害怕实际去做会失败。

即时性

即时性就是处理在当下咨询关系中产生的问题，例如来访者对咨询师有负面情绪、咨询师对来访者不停的抱怨感到不耐烦、来访者对咨询师产生不信任等。在良好的咨询关系下使用这个技术，可以让来访者明白在问题出现时立刻进行处理的优点。即时性的运用不仅能帮助来访者消除疑虑，搞清楚整个状况，还有助于来访者的自我成长，并将这种领悟运用于咨询外的人际关系中。即时性的句子通常也是以问号收尾的，举例如下。

咨询师：我感觉到你好像还不太信任我？（察觉到彼此的关系）

来访者：嗯……是有一点不信任。

咨询师：你在生活中通常也这样吗，很难信任其他人？

来访者：对有些人是这样。

咨询师：哪些人会让你比较信任？

来访者：家人吧，熟悉的人。

咨询师：有没有那种一开始你不怎么信任，后来比较信任的人？

来访者：有的，不多，我现在有一个朋友就是，一开始我也不信任他。

咨询师：从不信任到信任，这个变化是怎么发生的呢？（继续引导或探究）

咨询师：你对我刚才说的话好像有点生气，而且似乎有点受伤。（察觉到来访者的异样表情）

来访者：你刚才那句话的确挺尖锐的，我确实为自己的所作所为感到惭愧，但我不喜欢你这么说。

咨询师：我很抱歉让你感到不舒服了，说出自己的感受需要很大勇气，谢谢你告诉我，这很重要。（以正面的态度反应）

自我暴露

自我暴露是咨询师与来访者针对谈话的主题或有关的内容，分享一些自己的感受、想法与经验。自我暴露对咨询关系可能同时具有正面与负面的影响，从正面的观点看，它有可能为来访者树立一个自我暴露的典范，或帮助来访者对现有问题获得不同的看法；从负面的观点看，自我暴露很可能将重心放在咨询师的议题上，而非来访者的问题，所以使用时必须审慎评估它可能造成的影响。同时，分享时尽量以简单精要的陈述为宜，并将话题带回来访者身上。正确使用这个技术，能促使咨询关系进展到更深的层次。自我暴露的用法举例如下。

来访者：如果你是我，你会怎么做？

咨询师：我碰到的情况与你不太一样，但如果是我，我会先……然后……（简要表达自己的看法），我的经验仅供你参考，你觉得如何？

来访者：你也有过类似自己的兴趣与能力不相符的冲突吗？

咨询师：我自己没有这种经验，不过在我帮助过的学生当中有不少类似的情况，其中有一个与你的情形很类似，他是……（简要描述故事），跟他谈了几次话，后来他……听完他的经历，你有什么想法吗？

第四节　对非自愿来访者的咨询

在生涯咨询中，可能会遇到像一般心理咨询那样的非自愿来访者，这些来访者常常显现出对咨询帮助的抗拒、防御或不合作，使得咨询关系无法顺利建立，而且容易造成咨询师心理的挫折，甚至放弃咨询。其实，这些来访者表面上对咨询的态度似乎是拒绝或不情愿，但事实上他们来访的背后都有其原因或理由，如果轻易地将他们贴上非自愿的标签，不仅对他们不公平，而且会错失真正帮助他们的机会。因此，咨询师必须先对这些非自愿来访者的内心世界有所了解，然后再根据一些咨询原则来化解他们的心结，进而建立、增进和谐顺利的咨询关系。

非自愿来访者的心态

阿蒙森等人（2005）认为非自愿来访者的情况有以下六种。

1. 对咨询感到害怕。大多数非自愿来访者之所以不愿意接受咨询，只是单纯地对咨询的意义和过程感到陌生或不熟悉，如有的人对任何亲近的关系都较谨慎；有的人则误以为来咨询就是被咨询师分析和评价；而有的人则担心自己的谈话内容会被泄露。无论是何者，在咨询初期，咨询师都需要与来访者交流和讨论他们对咨询的了解和期望，并且介绍和讨论一些咨询师和来访者在咨询过程中的角色和责任，这对顺利地建立咨询关系是很有帮助的。
2. 否认问题或责任。有些人认为寻求咨询，就是表明了自己的软弱，就是承认了自己有问题。因此常常以自己过得很好而不肯开放地分享内心的困扰，企图掩饰或否认自己有问题。有时，这也是一种不愿对自己的问题负责或不愿切实解决问题的暧昧态度。如果一个人不承认自己的问题，咨询师是很难帮助他的。要突破这种阻抗别无他法，最好的解决办法就是时间——一段建立信任关系的时间。此外，生涯咨询较心理咨询有利的一点是，通常都是从生涯角度谈问题，较少直接涉及个人隐私。

3. 之前的负面经验。有些人曾受到过去不好的咨询经验的影响，如对某个咨询师或咨询机构的行为产生反感。所以，对这些来访者而言，任何形式的咨询都容易勾起他们不好的回忆。此时，咨询师必须以宽容的胸怀来面对这些来访者，向他们说明自己咨询时可能的过程和方式，并可与他们讨论将进行的咨询与过去的咨询的相似和不同之处。
4. 混乱的负面情绪。有些人会因考试失败、找工作不顺利或失业等事件而产生各种各样的负面情绪。初期可能出现拒绝别人关心和安慰的强烈反应，以及表面上装出无所谓或冷漠的样子。之后，巨大的内心失落感会给来访者带来震惊、愤怒、担忧、害怕、沮丧或焦虑等情绪。通常是多种情绪混杂在一起，而且这些情绪会自然而然地带入咨询关系中。遇到此种情形，咨询师首先要做的是共情他们的感受，然后根据过去的咨询经验说明这些情绪是大多数人都会有的反应，让来访者明白自己产生这些负面情绪是很正常的。
5. 其他利益考量。有些人不愿意接受咨询的原因是基于现实的考量，他们担心咨询的结果会让他们失去眼前的利益，如得不到失业补助、生活津贴、奖学金或接受教育、他人的社会支持等。此时，咨询师除了接纳他们的现实利益的考量之外，还要真诚地与来访者讨论他们应有的权利和义务。
6. 强制参与。有些人迫于外在的强制力量而接受咨询，如子女被父母强迫、学生受到校方或班主任要求、罪犯因法院规定等。不难想象，这类人来咨询是“心不甘、情不愿”的，因为他们会误以为咨询师如同强迫他们来咨询的那些人一样。此时，咨询师仍然要以尊重的态度与来访者沟通，让来访者感到自己在咨询室内并不是被强迫的，并且有前文提到的“被看重”的感觉。

咨询的原则

面对不情愿或非自愿的来访者，我整理了一些学者的观点，归纳出四个基本咨询原则如下。

1. 非防御性的开放讨论。首先最重要的是，容许或给予来访者一段时间进行不满情绪的宣泄，同时鼓励他们真诚、开放地说出自己的感受。咨询师要秉持尊重、支持的态度，在咨询之初就明白、清楚地向来访者说明咨询服务的内容，允许来访者有弹性地选择一些自己想谈的话题，但必须把握并遵守保密和尊重的界线（Carroll，1997）。
2. 共情。许多人之所以不愿意来咨询，是由于内在的强烈情绪所致。此时，来访者特别需要被理解和被接纳。当咨询师运用共情时，会让来访者更了解和欣赏咨询（Abu Baker，1990；Tretheway，1997）。运用这种技巧最重要的是要做到尊重（非施惠），并将他们的这些情绪反应视为正常的反应。
3. 角色和责任的说明。大多数来访者都不了解咨询专业有关的角色和责任，在这种情形下，咨询师有义务向来访者澄清并说明双方在咨询过程中的权利和义务、角色和责任，并对来访者的期望做客观的解释，这对咨询效果是很有帮助的（Newman，1994；Mahrer，Murphy，& Gingras，1994）。咨询师提供来访者的正确信息，澄清其错误观念，是建立良好咨询关系的关键。
4. 陪伴走一程。咨询时，咨询师应该尽可能地与来访者沟通并说明自己在咨询过程中扮演的是一个支持者的角色（Bischoff & Tracey，1995）。虽然，咨询师为了有效地帮助来访者，难免会有掌控咨询过程的情况，然而生涯咨询应该具有对每一个来访者给予鼓励和支持的功能。咨询师需要开放地对来访者说明自己每个做法的意图，并且尝试了解来访者的立场和观点。

思考活动

1. 如何理解阿蒙森等人认为的“最高层次的看重，是来访者觉得自己与咨询师已经超越了个人和专业的关系，咨询师是在真诚地关心他们的困惑和幸福”？这是否违背伦理？为什么？
2. 你觉得探究技术和开放式提问有什么异同？
3. 情境练习

情境 1. 来访者说：“刚接到面试通知，这已经是我的第五个工作面试了，虽然还不知道结果，可能还是像前几次那样又没希望了……”

来访者的感觉是：________________

运用“反映内容和感受”，你会说：________________

情境 2. 来访者说：“我平日是一个木讷寡言，不善于表达自己的人，也不会主动去交朋友，可是我的导师却要我去做有关中学生人际关系方向的论文，这不是开玩笑吗？就像是叫一个不会游泳的人跳水去救人！真不知道要如何向导师表达自己的问题……”

运用“简述语意”技术，你会说：________________

情境 3. 一个犹豫的来访者说：“我喜欢这个专业，但自己总是学习不好，如果坚持下去，可能毕不了业，那就太丢人了！可是，这个专业的未来发展很好，即使我不怎么喜欢……”

运用“面质”技术，你会说：________________

情境 4. 一个没有主见的来访者说：“我的问题你都了解了，你是专家，肯定能帮我解决困难，我不知道要做什么？”

运用“即时性”技术，你会说：____________________

情境 5. 一个情绪激动的来访者说：“我真的受不了我的老板！他根本不懂得体恤下属，经常挑下属的错，还说是为了我们好。有时我都快被逼疯了，心想辞职算了！可我很喜欢这个工作，可以学到很多东西。唉……我真的不知道该怎么办？”

运用“初阶共情”，你会说：____________________

运用“高阶共情”，你会说：____________________

4. 本章所介绍的基本技术，哪些是你喜欢或擅长的？哪些是你比较陌生或不熟悉的，你会用什么方法来加强？

第四章

探索生涯问题

咨询师与来访者建立了初步的咨询关系后，咨询的重点就必须移转到探索生涯问题上，因为建立咨询关系是生涯咨询的基础，而探索生涯问题才是生涯咨询的第一步。

来访者现在的生涯问题不仅受到过去经验的影响，也会影响他们未来的发展。有些来访者一方面有迫在眉睫的危机感，若不立即解决或采取行动，势必会使目前的情况恶化，比如学业成绩不佳、工作不适应等；另一方面又担忧未来，因为难以预知或掌控，比如所学专业的发展、工作选择的前途等。

科克伦（Cochran，1997）认为生涯问题就像“实然（what is）”与“应然（what ought to be）”之间的一道鸿沟。所谓“实然”指的是来访者现在的实际状况，而“应然”则是来访者所期望的未来情形。例如有些来访者叙述自己的生涯问题时，形容自己如同站在一个十字路口，不知要往何处去。因此，咨询师的角色就如同一座桥梁，帮助来访者从“实然”出发，朝“应然”前进，并顺利地跨过这道鸿沟。

本章将先介绍一些常用的探索生涯问题的技巧，并通过虚拟个案来说明这些技术的运用。最后介绍在咨询中可能掉入的陷阱和应对策略，作为咨询师探索生涯问题的提醒。

在生涯咨询时，有些来访者能清楚自己的目标和问题，并且能具体地表达出来，比如会做出如下叙述："我想在自己的专业之外，再培养一门外语能力""我希望自己的专业课和社团活动能平衡发展""我要通过某某专业执照考试"等。对于这类来访者的生涯咨询，咨询师只需要帮助他们制订具体的计划，采取有效的行动就可以了。然而，多数来访者通常不能具体地描述自己的问题，说辞也含混不清，可能的表达如："我不知道自己能做什么""我想找个自己喜欢的工作""我担心自己将来的出路"等。对于这类来访者的生涯问题，咨询师则需要用一些时间去搜集和了解他们的相关信息，帮助来访者探索和梳理自己的问题，从而制订具体的目标，进入问题解决的计划和行动阶段。

第一节　生涯探索的技巧

探索生涯问题有很多可运用的技巧，第三章介绍的一些建立咨询关系的技术，如重述、简述语义、具体化、摘要、反映内容和感受、引导等技术，依然可以运用在探索生涯问题上。下面将要介绍的这些探索生涯问题的技巧，既可以针对来访者的咨询目标和具体问题单独使用，也可以结合前面的技术一起使用。

开放式提问

探索生涯问题的目的是帮助来访者看清自己的问题，因此咨询师对来访者问题的理解都要从来访者的角度出发。换言之，就是换位思考，咨询师站在来访者的立场上，用他的眼睛看他的世界。

在会谈时，尽管不少来访者的表述不清楚，但愿意谈论自己的问题。此时，咨询师只需鼓励他多说一些，引导的话语多是开放式问句，如："你今天来这里的目的是……""你希望我给你什么样的帮助？""你感到很困惑，这种感觉是因为……"等。这些开放式提问能够引导来访者提供更多有用的信息，并且能增进彼此信任的咨询关系。

同时，咨询师还要注意观察来访者的一些非言语行为，如眼神、表情、身体动作等。尤其是对那些不善用语言表述和沟通的来访者来说，观察他们的非言语行为就格外重要。在咨询初期，尽量避免单刀直入地直接问“为什么”之类的话，因为这样的提问很容易引起来访者的防御。

随着咨询的进行，来访者可能需要咨询师进一步协助他们澄清问题，此时咨询师可使用开放式提问，如：“你的这种经验很特别，能多谈一些吗？”“告诉我更多你当时的感受……”“我不知道你说的是否是……”等。此外，问来访者一些与重要他人的关系、学习情况或工作经验等话题，也可以更清楚地了解来访者的问题。

为什么是现在

在咨询的初期，咨询师了解是什么原因让来访者在此时来寻求协助，是一个很好的谈话起点。庞德曼和杰曼（Budman & Gurman，1988）提出短程咨询中常用的一个技巧是：为什么是现在（why now）？这个技巧有助于澄清来访者问题的性质，以及评估来访者前来咨询的动机。

运用此技巧并非就是直接问来访者“为什么现在才来寻求咨询”之类的问句，这样的提问如同前述直接问“为什么”一样，容易引起来访者的防御。因此，“为什么是现在”的提问需婉转一些，参考的提问方式如下。

- “你的这个（些）困扰（问题）已经出现很久了，是最近变得更严重了吗？还是你试过的解决方法都无效？”
- “听你的意思是你并不想来，而是关心你的父母（老师、朋友）要你来，他们的想法是什么？”
- “你这个（些）问题影响到你的工作（生活）了吗？它是怎样影响的？”

限制性陈述

限制性陈述是一个能让来访者在描述自己的问题时聚焦的有效方法之一。帕特苏拉（Patsula，1992）建议咨询师可以指导来访者用简短的句子，同时表达自己的问题和原因。来访者陈述的句子，必须包括描述困难或问题，以及他自己认为的可能原因或理由，如下。

例一：我不清楚有什么适合自己的专业，因为我有许多兴趣。

例二：我无法做决定，因为我不知道做怎样的选择比较好。

例三：我对自己的前途感到茫然，因为不知该从哪里着手。

例四：我不知道如何写履历表，因为我从来没有这个经验。

上述例一和例二来访者的陈述，咨询师还要继续对来访者的主要兴趣和不同选择的利弊等信息做更深入的了解。而在例三和例四来访者的陈述中，已隐约地提供了咨询的方向或目标，咨询师只需稍加澄清和确定，即可直接进入生涯规划或采取行动，如鼓励和教导来访者进行生涯规划、帮助来访者学习写履历表等。

生涯比喻

比喻是探索生涯问题一个很有力的工具，不仅能帮助来访者透视问题，而且能改变来访者对自己的问题的看法。有些来访者会用一些比喻来形容和想象自己的生涯，而有些来访者则需要咨询师的鼓励和启发引导其想象。在生涯咨询中，来访者常用的比喻有：翻山越岭、爬阶走梯、漫游迷宫、森林找路、逆流泛舟、大海航行等。

如果有必要，咨询师还可以引导来访者从一个比喻转换到另一个比喻，克莫兹和福德曼（Combs & Freedman，1990）指出，经由多种比喻可以增进来访者的创造力和弹性。

参考英克森和阿蒙森（Inkson & Amundson，2002）介绍的生涯比喻，举例说明如下。

1. 旅程：将生涯视为从一个地点出发前往目的地的路途，例如搭车、走路、行船、泛舟、骑马等。
2. 传承：形容生涯是继承家族事业，例如祖传的农地、师传的手艺、家族的生意等。
3. 适配：将个人与外在工作世界视为一种配合，例如小鱼适合小池塘、大麦长在北方、马奔驰在草原等。
4. 季节：形容生涯是四季的更迭变换，例如春之欣荣、夏之盛艳、秋之丰裕、冬之归隐等。
5. 成长：将生涯看作一种进行中的发展和学习，例如婴儿学步、少年浪荡、青年茁壮、中年转型、老年颐养等。
6. 创作：生涯如同一些艺术设计或文学作品，例如绘图、陶瓷、石雕、文章、玉石等创作的过程。
7. 网状系统：从群体的观点出发，视生涯为标准或期望的调整，例如选择多数人认为热门的专业以及符合父母对自己未来发展的期望等。
8. 资源：视生涯为一种与经济和前瞻计划息息相关的人力资源管理，例如预估未来 5 年或 10 年需要的技术人才、高校适应未来人力市场需要而增设或裁并的专业等。
9. 故事：生涯是创造生命意义的过程，例如追求名利、造福人群、传宗接代、自我实现等。
10. 文化产物：生涯是反映文化脉络的结果，例如“日出而作、日落而息”是过去农业社会的生活方式，而 24 小时便利商店则是现代工业社会的供需形态。

虽然上述例子将比喻进行分类，但是有些来访者的比喻可能包括两种或两种以上的含义。举例而言，一位大学一年级的男生形容自己小时候是待在鸟巢的麻雀，而现在是站在枝头的鸠鸟，希望将来成为展翅高飞的雄鹰。他的生涯形容不仅以禽鸟作为自身的比喻，而且蕴含着旅程及成长的意思。

此外，生涯比喻还具有减少来访者的困惑和帮助来访者进行问题整合的作用，如减轻焦虑、增强创造力和自我效能感（Combs & Freedman，1990；Inkson & Amundson，2002）。

生涯图

生涯比喻是一种引导来访者使用语言来表达自己如何看问题的技巧，但是这些比喻也可以通过视觉想象用图画的形式呈现出来。利用生涯图来帮助和指导来访者更好地了解自己过去的成长、现在的问题和未来的期望，是生涯咨询中另一种有效的探索工具。

画生涯图时可以用单色的彩笔，但用多种颜色的彩笔绘制生涯图，对来访者进行指导和帮助会有更好的效果，因为色彩可以隐喻来访者内心的许多想法和感受。因此，建议用多色彩笔来绘制生涯图。

邀请来访者画生涯图，有不少人会以自己不会绘画为由，心中迟疑或抗拒此活动，然而根据实际经验显示，咨询师此时只要以轻松的语气鼓励："不必担心自己画得好不好，重点也不在于像不像，每个人都有丰富的想象力，你一定可以画出来的。"一般而言，通常说自己不会画的人，最后会画出连自己都感到意外的生涯图。

来访者完成绘画后，咨询师要进一步引导来访者描述自己的画的意思，有些来访者会侃侃而谈，而有些来访者则需要咨询师进行一些提问，如："你画的这条路到这里转弯了，有什么意义吗？""这里的色调灰暗，而这里的色调明亮，为什么有这样的差别？""你画的这个人是谁？太阳和彩虹又代表什么意思？"等等。

生涯图常常显现来访者的内心情绪，例如一位来访者描述他的画："总觉得自己身处一个神秘的古堡里，不断地打开每一个房间的门，门打开了之后又不敢进去，担心房间里有什么东西让自己受伤害。"

生涯图也常常反映出来访者的想法，例如一位来访者吐露画中之意："这天空的孤雁就是我，好希望有一群志同道合的伙伴一起飞翔。乌云背后的太阳是我追求的灿烂未来，而乌云则表示前程的风风雨雨。你看，我还画了闪电。不过我知道这是必然的，我并不害怕，我只害怕旁边没有互相鼓励和支持的伴侣。"

生涯图不仅可以帮助来访者将生涯具像化，而且能使生涯的探索过程变得更有趣味。在引导来访者描述生涯图时，需要配合前面介绍的一些建立咨询关系的技术和生涯探索技术，如复述、简述语意、具体化、摘要、反映内容和感受、引导、开放式问句、限制性描述等。

有时，在咨询一段时间后再让来访者重画一张生涯图，更能让他对自己的生涯问题有清楚的了解，而且咨询的目标和方向亦随之清晰地浮现出来。例如，一位来访者在最初的生涯图中，把自己画成急流中穿行的一叶孤舟，朝着前面有一些礁石的方向驶去。而在两次咨询之后，他画的是自己犹如一艘载满信心和能力的大船，不仅可以绕过眼前的礁石和暗流，并且有指南针和望远镜，能预知前方可能碰到的危险。

心流经验

引导来访者探索自我，一个很好的技巧就是让他谈谈个人的生活或工作的感受，尤其是让自己感到有成就感或愉悦的时刻。这种成就感或愉悦感就是希克仁米哈里（Csikszentmihalyi，1990）所谓的"心流经验（flow）"，在自己喜爱的事物或活动中专注投入，时间仿佛在忘我中飞逝，而内心有如水流般舒畅。咨询师可以引导来访者通过对心流经验的描述，帮助来访者从中察觉和肯定自己的优点和长处，由此增强来访者的信心并促发有效的行动。一些引导的提问如下。

- 在学校里，你最喜欢的科目是什么？
- 做什么事情能让你全心投入？
- 你以前受过什么表扬或奖励吗？因为什么？

- 谈一谈过去让你感到最得意的经历。
- 说说从小到大最能吸引你注意或让你感兴趣的事情。

对于咨询师的这类探索引导，有些来访者在简单的引导下便能侃侃而谈，但对于其中一些回答简短的来访者来说，则需要咨询师紧接着追问下去，例如来访者说他喜欢生物课，可继续探索生物课的特别或吸引之处，上生物课时他做了什么以及因此获得的满足感和成就感等。

喜欢的生活方式

一个人喜欢的生活方式是影响来访者生涯发展的重要因素之一，也能显示出来访者的生活态度和价值观（包括未来生涯）。因此，咨询师帮助来访者了解自己喜欢的生活方式，也是一个常用的咨询技巧。下面介绍一个简单的测评工具，根据来访者的回答可以了解其所重视和不重视的生活形态。

“我喜欢的生活方式”问卷

这里有一些关于生活形态的项目，对每个人的重要性是不一样的。了解这些问题对自己的重要程度，对未来生活的规划与安排会有所帮助。试着想想，每个项目对自己的重要程度如何？若你觉得某个项目很重要，就在“非常重要”栏内打“√”；若你觉得某个项目的重要程度是中等的，就在“普通重要”栏内打“√”；若你觉得某个项目只是稍微重要，就在“稍微重要”栏内打“√”；若你觉得某个项目一点也不重要，就在“不重要”栏内打“√”。

生活形态项目	非常重要	普通重要	稍微重要	不重要
住在宁静的乡村				
过着多姿多彩的生活				
拥有崇高的社会声望				
从事有创意的工作				
工作有挑战性、变化性				
能自由支配金钱				
有空闲做自己感兴趣的事				
住在生活方便的城市				
积极参与小区活动				
住在文化水平较高的地方				
经常旅行，扩展视野				
住在孩子上学方便的地方				
每天有时间和家人相处				
可自由支配自己的时间				

（续表）

生活形态项目	非常重要	普通重要	稍微重要	不重要
每天准时上下班				
担任领导或主管的职务				
有宽广舒适的生活空间				
工作安定、有保障				
拥有丰富的经济收入				
和朋友保持密切的交往				
和父母住一起，承欢膝下				
参与和宗教有关的活动				
每个月有固定的储蓄				
固定居住在某个地方				
随时吸收新知、充实自己				
和配偶、子女住在一起				
有时间辅导子女的课业				
和家人一起度假				
每天运动、锻炼身心				
工作之余参与社团活动				
有能密切配合的工作伙伴				
贡献自己，参与社会服务				

典型的一天

“典型的一天”可以用来探索来访者一天中是如何安排自己的生活的。因为一个人的生活模式可能是影响或导致他学习、工作或生涯问题的原因，例如来访者习惯晚睡就会影响他白天学习时的注意力，来访者的作息时间很随性则可能出现依赖、散漫、不稳定等问题。在咨询中，咨询师尽量引导来访者叙述他典型的一天，可以用聚焦式的提问请来访者广泛地叙述他最具代表性的一天，例如为了解来访者的一些个性或习惯，可以问：“请说说你平时的一天是怎么过的？”“从昨天早上起床开始一直到晚上睡觉，这一整天你都做了些什么？”等。为了解来访者生活的依赖程度，可以问：“早上是你自己起床？还是别人叫你起床？”“你做事是喜欢一个人做还是和其他人一起做？”等。而为了解来访者生活作息的稳定性，可以问：“你平常吃早餐吗？吃些什么呢？”“除了上课外，你有固定的休闲活动吗？”等。

“典型的一天”技巧不仅可以用在平日学习或工作的一天，也可以用在周末或假日的一天，帮助来访者了解自己休闲时间的情况。

生活馅饼

另一个类似“典型的一天”的探索技巧是绘制“生活馅饼”，有时两者可以搭配一起运用。“典型的一天”活动可以帮助来访者了解自己是如何生活的，也能了解来访者经常参加的活动，并提醒来访者思考自己的生活和作息的安排是否适当。当来访者对目前的生活安排不满意或有新的觉察时，咨询师应鼓励来访者再绘制一个理想或期望的生活馅饼，也许咨询的目标和方向就会在这个过程中突显和明确起来。以下提供的范例，可供来访者参考自行绘制一个圆，然后根据自己的实际状况划分不同大小的区块。

有时，一些来访者在分配时间上有困难，咨询师需要有耐心地鼓励他，大概估计即可。有时，一些来访者所画的时间加在一起超过一天 24 小时或不及 24 小时。通常这些来访者不是没有觉察到，而是不知道自己究竟是怎么过的，经常做出发呆、游荡等虚度光阴的描述，这往往能帮助来访者做深入思考和重新规划。

如果来访者求助的问题是时间管理上的困扰，咨询师可以问：“你想要额外的时间来做什么？”“这些时间可以从哪些地方挪过来？”等，然后和来访者一起分析现状和原因，并引导他做进一步有效的合理规划。另外，如有需要，咨询师也可以请来访者画出理想的一天，帮助来访者将其与真实的典型一天做比较，进一步引导来访者思考自己时间管理的问题。

生活馅饼范例

在平日生活里，你都做哪些活动？你是如何安排每一天的生活的？以下有一个生活馅饼的例子，是王大猫一天的各项活动时间。请参照此例，尝试画出自己平常一天的生活是如何安排的。

范例：王大猫的一天

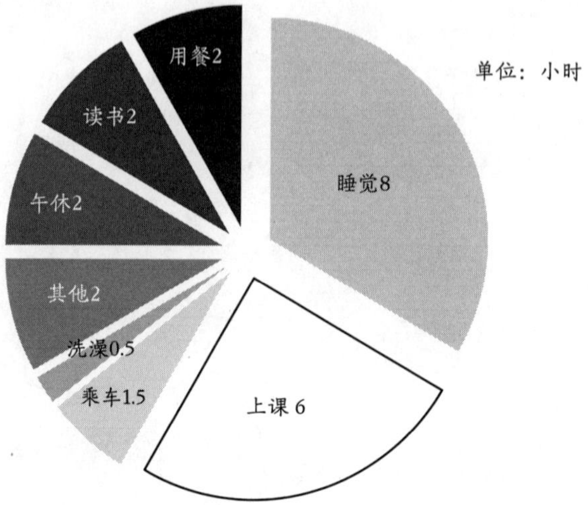

价值观检核

如第一章所言，价值观是主导个人行为的方向盘。在生涯咨询过程中，咨询师会发现来访者的价值观常有形或无形地影响着他对生涯问题的思考和判断。因此，在咨询时对来访者的价值观进行探索，不仅是无可避免的，而且是很有必要的。价值观检核的活动可视情况而定，可以先从一般价值观或工作价值观着手。如果时间允许，咨询师可将两者结合，让来访者循序渐进地进行从一般价值观到工作价值观的探索，其功效会更显著。

活动 1：一般价值观检核表

请在下表所列的价值评估单中，仔细思索自己重视的价值观，然后选出 10 项，无须排序。

1.________ 2.________ 3.________ 4.________ 5.________

6.________ 7.________ 8.________ 9.________ 10.________

1. 成就	15. 领导	29. 受到肯定
2. 独立	16. 社交技巧	30. 友谊
3. 上进	17. 尊重	31. 变化性
4. 责任	18. 关爱	32. 信赖
5. 服务他人	19. 赞许	33. 开放
6. 舒适的环境	20. 温柔	34. 声望
7. 冒险	21. 支持	35. 敏锐
8. 权力	22. 独特	36. 顺从
9. 兴趣	23. 能力	37. 自主性
10. 社会地位	24. 整洁	38. 勇敢
11. 宽容	25. 亲和	39. 平等
12. 自我掌控	26. 智慧	40. 创造力
13. 竞争	27. 高尚	41. 有规律
14. 安全	28. 归属感	42. 理性

活动 2：工作价值

咨询师先运用工作价值竞购单，引导来访者完成类似拍卖会的出价活动。然后，咨询师可就来访者所竞购的 5 个项目，请他说明竞购到的工作价值的含义和理由。最后，咨询师引导来访者思考哪些职业能符合和满足他竞购的工作价值。

工作价值竞购单

指导语：在下表中列有 15 个工作价值项目，假设每个人都有 500 个生命单位（一生中可用以投注在工作上的所有时间与精力的总和）。针对各个工作价值，将你愿意出价的单位写在“出价单位”方格内。出价时请注意以下原则。

1. 不需对每个项目都出价，若觉得该项目不重要可以不出价。
2. 每一项目的出价单位不得低于 10 单位。
3. 出价总数不得超过 500 单位。

然后，找出自己出价最多的前 5 项，按 1—5 的排名写在“出价顺序”栏内。有相同的出价单位的项目可并列，例如“能增进他人的幸福快乐”和“可以独立思考与分析事理”是出价最高的，均为 150 单位，那么顺序都是 1，次高的出价单位项目则是 3（跳过 2），以此类推。

工作价值项目	出价单位	出价顺序
1. 能增进他人的幸福快乐		
2. 能使这个世界更美好		

（续表）

工作价值项目	出价单位	出价顺序
3. 发明新事物或发展新观念		
4. 可以独立思考与分析事理		
5. 能以自己的方式做事		
6. 能全力以赴把工作做好，并看到具体成果		
7. 能受到他人的推崇和尊敬		
8. 能策划方向，管理属下		
9. 有丰富的工作收入，能买自己想要的东西		
10. 能提供安定的生活保障		
11. 有良好舒适的工作环境		
12. 能与领导和谐相处		
13. 能与志同道合的伙伴一起愉快工作		
14. 工作富于变化，能尝试不同的工作内容		
15. 能选择自己的生活方式，实现自己的理想		

从前面的活动中，可以大致明白自己所重视的工作价值。这些工作价值可能有些是重叠的，也可能是矛盾或冲突的。因此，咨询时除了和来访者讨论其所重视的价值外，还可以和他探讨一些重叠或矛盾的价值。接着，引导来访者根据自己列出所重视的前五项工作价值，进一步思考符合这些价值的可能职业有哪些？在这个过程中，不少来访者不清楚符合自己的重要工作价值，则有待于鼓励来访者去寻找相关的资源，这将在下一章进一步说明。

工作价值	可能职业
1.	
2.	
3.	
4.	
5.	

寻找例外

寻找例外是焦点解决短程咨询的技术之一，咨询师在与来访者交谈时，可以借此技巧很快地帮助来访者找到问题解决的方向和目标。所谓寻找例外，就是询问并了解来访者在以往的经验中，他的这些问题很少发生或从未发生的情况。比如询问："以前没有发生这些问题的时候，你的想法是什么？""什么时候你不会有这种焦虑？"

咨询师在帮助来访者探索的过程中，还要积极地去寻找有利的线索，比如来访者的积极的想法、有益的行为、有效的资源，以及重新发现和肯定他的优点、长处和能力。例如，一位来访者说："我在考试前准备得比较充分时，就不会这么焦虑。"咨询师紧接着要与来访者详细讨论当时他是如何准备的（如请教老师、与同学讨论疑难问题、安排复习时间、强化记忆等），进而帮助来访者察觉和了解自己过去这些有效的解决方法，将其运用在目前的问题处理上。

寻找例外是探索和讨论来访者的成功经验。通过称赞和肯定来访者过去所用到的积极正面的解决方法，让他在面对现在的问题时重拾信心、重燃希望，并鼓励来访者将过去这些积极正面的想法与做法运用到现在的问题解决上。

例外也可能是自然产生的，也许来访者在当时并未刻意做什么，事情就变好了。此时咨询师要与来访者讨论没有发生问题的原因和方法，比如不过度忧虑、放低期望标准不强求、相信自己的能力等，甚至只是单纯地顺势而为或顺其自然。

如果来访者反映自己过去没有任何成功经验，可能是他的期望过高，或察觉不到自己的进步，或不以为意等。这时，咨询师要帮助来访者理性地了解和明白对自己的期望，做出大改变是不切实际的，但可以从小改变开始，因为一个小改变会带动一个又一个的小改变，进而积累一连串的小改变，其效果本身甚至超越一个大改变。

假设架构

假设架构也是焦点解决短程咨询的技术之一，即引导来访者想象问题消失或不存在时，可能是怎样一种情形。如："如果你的问题解决了，你的生活会有什么不一样吗？""假设你的问题不存在了，那是因为发生了什么事？""如果有一天你实现了理想，你是怎么做到的？""如果有一天你的困扰消失了，你觉得消失的原因是什么？"

假设架构可以帮助来访者搜集和寻找可能解决问题的方法、目标，或在未来有积极意义的行为和事件等信息。用假设架构引导来访者想象未来的美好远景，同时也建立起来访者的信心和希望。因此，这种投射到未来的假设，能带给来访者一种更大的责任感和更多的能力去做自己应该做的事的感觉。咨询师在与来访者共同的探讨下，解决的问题方法和咨询的目标就逐渐形成了。

第二节　生涯探索的范例

在本节的范例中，将尝试运用前面介绍过的一些技巧进行咨询。但无法将所有的技巧一一呈现，在实际咨询中也大可不必将所有技术一股脑儿用在来访者身上。有时，复杂的问题不见得需要用复杂的解决方法，也许只要用几个简单的技巧便能达到探索问题的目的。范例中的技巧运用仅供参考，实际咨询中可视情况弹性运用。

来访者背景

宇轩，大学四年级男生。他的生涯问题是：自己即将毕业了，但不知道应该如何做抉择。因为父母希望他回家乡找一份稳定的工作，好友则劝他留在一线城市一起创业，而他的理想是考研究生，将来走学术路线。

咨询过程

咨询师：你今天来这里的目的是……

宇　轩：我听同学说，你们这里可以给我一些帮助。

咨询师：很欢迎你能来，你希望我给你什么帮助呢？

宇　轩：我快毕业了，我的烦恼就是不知道毕业以后怎么办。从大三开始，我的父母就常跟我说，希望我毕业后能回家乡工作，当个老师，考个公务员之类的。他们年纪大了，需要人照顾。而我的老师鼓励我考研，这也是我的理想。但如果继续读书，就很难照顾父母，也不能赚钱帮助家里。就很纠结啊！

咨询师：听起来这个烦恼有好一阵子了，是什么原因让你想要今天来这里寻求帮助？（为什么是现在？）

宇　轩：离毕业的时间越来越近是一个原因，而我的一个好哥们儿前几个星期又说有一个很好的创业机会，劝我留在这里和他一起闯一闯。加上自己考研的理想，我快想破头了。

咨询师：你自己有什么想法吗？（开放式提问）

宇　轩：我想的很多也很乱，就是理不出头绪来。如果要考研，我得尽早做准备，可是这些日子我就是定不下心来。

咨询师：我了解你的这些烦恼，你很矛盾，很纠结，好像还感到有些焦虑（共情），你面临着三种选择，回乡工作，留在城市创业，以及考研。（简述语意）你可否用“我……，因为……”的句子来描述自己的烦恼，例如“我不知道要读什么专业，因为自己的兴趣很广泛。”（限制性陈述）

宇　轩：嗯，我很难做决定，因为这三种选择各有利弊。

咨询师：各有利弊？（复述）能不能详细说说呢？（具体化）

宇　轩：回家乡找个教师的工作很稳定，也可以就近照顾父母，只是可能一辈子如此，谈不上什么理想、成就感。而留在大城市创业具有挑战性，可能干出一番大事业，当然也会有失败的风险。至于考研，我认为比较符合自己的兴趣和能力，我羡慕大学教师的声望和地位，只是考上以后，将来还要读博，到当教授还有一段很长的路要走。

咨询师：你能用一个比喻来形容你现在的处境吗？（生涯比喻）

宇　轩：现在的处境？嗯……我觉得自己好像站在十字路口，不知道要向左转、向右转，还是向前走？感到好孤立又好着急。

咨询师：好，你愿意尝试把你现在的处境画下来吗？这里有纸和彩笔。（生涯图）

宇　轩：哦，我不太会画，不知道是否能画出这种情形？

咨询师：画得好不好都没关系，这不是美术比赛（降低焦虑），我们只是想通过画图，更直观地理解你的处境。

宇轩开始画图，大约15分钟完成。完成后……

咨询师：你能描述一下图中的意思吗？（引导）

宇　轩：这里站着的一个人是我，正在一个三岔路口，左边的路那端招手的两个人是我父母，他们希望我毕业后回家乡找一份稳定的工作，右边的路那端的一个人是我的好友，劝我跟他闯一番事业，而前面直行的路是考研，是我希望走的学术路线。

咨询师：现在你的感觉是……（开放式提问）

宇　轩：清晰了一点。

咨询师：我看到这三条路的颜色不一样，有什么含义吗？（探究）

宇　轩：哦，左边的这条路我用的是蓝色，表示平稳，右边的这条路我用的是红色，代表可能发展很好，但也可能是冒险。

咨询师：那前面的这条路是黄色……（开放式提问）

宇　轩：这就是我内心的希望，有光明，有发展的好景象。

咨询师：我注意到在这条路的最前面，你画了一个太阳，路旁还有一

些花草，而且路比较宽，你怎么看……（探究）

宇　轩：我也不知道为什么，很自然地就那么画了（微笑），看样子我还是比较喜欢走学术的这条路，选择它就对了，是吗？

咨询师：别着急，让我们看看其他的信息再决定。我们来谈谈你对自己未来的生活有什么想法？这里有一份工作价值竞购单。

进行工作价值竞购活动，大约15分钟完成。宇轩的工作价值竞购结果如表4.1。

表4.1　宇轩的工作价值竞购单

工作价值项目	出价单位	出价顺序
1. 能增进他人的幸福快乐		
2. 能使这个世界更美好		
3. 发明新事物或发展新观念	100	2
4. 可以独立思考与分析事理	80	4
5. 能以自己的方式做事		
6. 能全力以赴把工作做好，并看到具体成果		
7. 能受到他人的推崇和尊敬	20	6
8. 能策划方向，管理属下		
9. 有丰富的工作收入，能买自己想要的东西		
10. 能提供安定的生活保障		
11. 有良好舒适的工作环境		
12. 能与上司和谐相处		
13. 能与志同道合的伙伴一起愉快工作	100	2
14. 工作富于变化，能尝试不同的工作内容	50	5
15. 能选择自己的生活方式，实现自己的理想	150	1

咨询师：现在我们大致清楚了你所重视的工作价值。请你在表中选出自己所重视的工作价值，最多五项，然后想想符合这些价值的可能职业有哪些？（引导）

进行接下来的活动，大约 10 分钟完成，结果如表 4.2。

表 4.2　符合宇轩的工作价值的可能职业

工作价值	可能职业
1. 能选择自己的生活方式，实现自己的理想	大学教授、牧场主人、作家、艺术家
2. 能与志同道合的伙伴一起愉快工作	很多职业，看机缘
3. 发明新事物或发展新观念	广告、电视广播、研究员、信息科学
4. 可以独立思考与分析事理	私企老板、股市分析师、大学教授、学术机构研究员、作家
5. 工作富于变化，能尝试不同的工作内容	商业经理、旅游业、自由业

咨询师：看到你竞购的这些工作价值，你有什么想法或感受？（开放式提问）

宇　轩：我觉得除了回乡工作之外，其他的两种选择都比较适合我。

咨询师：对于你认为符合这些价值的可能职业，还有其他的考虑吗？（开放式提问）

宇　轩：我一时也想不到其他的，应该还有许多。

咨询师：嗯，不着急，你想到符合的随时可以补充。你是怎样看待你现在列的这些职业的呢？（开放式提问）

宇　轩：好像研究员的工作最多，其次是大学教授。我想凡是能让我比较自主的职业都符合。

咨询师：现在对照你目前面临的三种选择，你觉得……（开放式提问）

宇　轩：我觉得经过刚才的交谈和活动，我已经清楚地看到考研这条路是最适合我的。

咨询师：好，这样的话，我想知道你在自己的专业学习上做过什么研究？或者参加过什么学术活动？（探究）

宇　轩：我曾经帮老师做过问卷调查，并且与研究生学长们一起讨论研究结果的统计和分析，也参加过好几个学术研讨会。

咨询师：这些经验给你的感觉是什么？（心流经验引导）

宇　轩：我很喜欢。我喜欢思考，喜欢与学长们一起讨论的气氛，我们非常投入，常常不自觉地过了吃饭时间。当我们想出新点子或者取得不错的研究成果时，我都特别兴奋。

咨询师：综合我们今天所谈的，你现在是怎么想的？（请来访者做摘要，具有提醒作用）

宇　轩：今天谈完，我更坚定了我的选择。其实我已开始准备考研的功课，只是最近事情很多，感觉有点乱……现在我可以定心准备了。

咨询师：好极了，为你加油打气。我还关心一件事，你要怎么跟父母和朋友说你的决定？（探究）

宇　轩：没事，我想好好与他们沟通，他们会理解，也会支持我的。

咨询师：那好，如果还有需要，欢迎你再来。

宇　轩：真的非常感激你，对我的帮助很大。再见！

上述来访者对于自己的生涯问题已有清楚的了解，探索的工作大致完成。另外，根据探索信息的收集和整合进行生涯决策，也是一个具体的咨询技术，将在第七章进一步说明。

第三节　生涯问题探索的陷阱

咨询师通过对来访者信息的收集和整合，进而帮助来访者澄清并了解他们的问题，这对生涯问题的探索至关重要。然而，在咨询过程中，咨询师也有可能掉进一些探索的陷阱。因此，咨询师有必要认识这些陷阱，并且经常提醒自己以免踩坑。

陷在信息堆里

和来访者探索生涯问题的第一个陷阱是：咨询师容易陷入来访者所陈述的大量信息里而不知所措。尤其是在咨询的初期，有些来访者表达的信息可能又杂又乱，而有些来访者的问题则是多重性质的问题，在陈述时经常跳来跳去，以致咨询师不但抓不住谈话的重点或问题的关键，而且被源源不断的信息流搞得头昏脑涨，就像一位新手咨询师说："我好像被轰炸机炸得脑子一片空白！"

咨询师面对这类有大量信息的来访者时，除了温和地提醒来访者慢慢叙述，以及适时打断他的话语并加以澄清、探究或摘要之外，还要引导来访者对自己的数个问题排列出优先顺序，如询问："什么是你感到最困扰的问题？""你希望最先解决的是哪一个问题？""在短期内希望达到你的哪一个目标？"等。因此，最好的咨询策略是帮助来访者先聚焦在一两个问题的澄清和探索上，之后再讨论其他的问题。通常，建议从来访者最困扰、最想解决的问题着手，如果来访者的问题错综复杂，自信心也不足，则应从容易解决或容易改变的问题开始处理。

无论来访者的问题是怎样的纷繁复杂，当他有了任何一个想法或行为上的改变时，都会带动一连串的积极改变，甚至一些尚未探索或解决的问题也随之化解。例如，一位来访者经由咨询师的帮助找到工作后，不仅解决了经济问题，情绪也变得稳定，与家人的关系也有所改善。

错误判断

探索生涯问题的第二个陷阱是：对于来访者的信息容易产生偏见或主观的理解。咨询师这种常见的错误判断有四种。

1. 先入为主的观念：咨询师过度强调与来访者最先交谈所获得的信息的重要性与必然性。如听到来访者对艺术感兴趣即一味地朝着这方面探究，或过早相信来访者害怕做决定而忽视他没有做决定的经验等信息。
2. 个人的偏好：过度依赖个人喜好的理论或诊断，例如咨询师以自己熟悉的"理性情绪行为治疗"判断来访者的问题是由非理性信念所致，或轻易判断来访者的生涯问题完全归咎于心理或精神疾病等。
3. 选择性的注意：咨询师对自己不了解或没兴趣的问题，常忽略或加以简化。这些问题如：认为来访者的不敢表现是懦弱而非文化习俗强调的谦虚；来访者晚上做的梦只是白天的焦虑造成的等。
4. 错误的归因：将问题的原因归咎于来访者身上，如来访者对自己的问题不愿负责、没有改变的动机，或来访者有心理疾病等。

为了避免上述的错误判断，咨询师应保持宽容和开放的胸襟，并使用多种方法和多角度去帮助来访者探索生涯问题。多种方法包含运用多种测评方法和工具，如心理测验、行为观察、传记测量等。而多角度探索则是掌握来访者提供的个人生活和环境因素等多方面的数据，并考量来访者的认知、情感和行为因素，以及收集和了解来访者的家庭、学校和社会因素对他的影响等。多种方法和多角度的探索，可以帮助咨询师和来访者从不同观点来看问题，这样能更好地理解和看待来访者，拓展问题的其他解释。

缺乏弹性

探索生涯问题的第三个陷阱是：咨询的方向和目标一成不变。常见的情形有，当咨询师帮助来访者探索和解决了最初的问题后，另一个新的问题又出现了。如宇轩的案例，假设他已经清楚并决定了自己毕业后的选择方向，但遭到父母的反对，于是，如何与父母沟通则成为一个新的问题。接下来的咨询目标就要转移到新问题的探索和解决上。

有时，生涯问题的探索方向可能因为来访者有了新的察觉而有所改变，也可能是对咨询师有了更多的信任，愿意表露自己内心更深层的想法和愿望而使咨询方向有所转变。因此，咨询师应做好随机应变的心理准备，视来访者的情况弹性调整探索的方向和目标。同时，由于生涯问题的探索不是一个简单的直线过程，咨询师要随时检视来访者的问题是否还在原来的轨道上。

如果探索过程中发现来访者的问题是属于心理咨询的问题，虽然第一章提及其界线较难区分，问题也可能重叠，咨询师虽可以一起处理，但仍强烈建议转介给其他心理咨询或治疗的专业人员，尤其是当来访者有特殊的个人问题时，如酒瘾、药物滥用、精神疾病等。

思考活动

1. 在“我喜欢的生活方式”活动中，哪些条目可能存在矛盾或冲突？哪些则是有可能兼顾的？
2. 在“工作价值竞购”活动中，你是仅对少数几个项目出了高价，还是对不少项目都出了相似的低价？有出价上的困难吗？在写出符合自己价值的职业环节有困难吗？
3. 从生涯角度回顾自己过去的一些心流经验，并把它们写下来。

第五章

增进自我了解

在当今的健康标准中，心理健康是不可缺少的重要组成部分。一个心理健康的人拥有良好的自我状态，能充分了解自我、肯定自我，并能与外在环境维持和谐；同时，能用宽容理解的眼光接纳自己的过去，用积极健康的心态认清当下的现实，以合理乐观的心境追求期待的未来。换言之，心理健康的人能适应环境、利用环境、创造环境，并给自己更多发挥潜能的机会和空间。因此，帮助来访者解决生涯问题的前提，就是必须增进来访者的自我了解。

在上一章里，我们介绍了一些探索和解决生涯问题的技巧，这些技巧同样具有帮助来访者增进自我了解的功能。这一章主要介绍增进自我了解的三个重要内容，拓展自我觉察、反思生涯信念、运用测评方法，并举例说明这些内容在生涯咨询过程中的运用。

第一节　拓展自我觉察

根据格式塔疗法（Gestalt Therapy）的观点，觉察是自身在与他人和外在环境接触的过程中，其生理、心理、情绪和心灵产生的一种注意、体会、接触的经验。不能觉察的人与他人或外在环境就会产生一种退避的关系（Yontef，1993）。

每个人都有与生俱来的觉察，能在与环境的互动中保持着警觉或灵敏的接触，并在这些接触的过程中清醒地了解自己的需求，拥有乐观、合理的感受和想法，这是一种有积极意义的自我反省。觉察看似简单，但在当今的社会里却因我们匆忙的生活步调和注意力的分散而经常被忽视。许多求助心理咨询的来访者正是失去了某些接触（与自己、他人或环境）而产生退缩，他们内在的觉察如同被卡住了，久而久之甚至否认自己的觉察能力，以致带来焦虑和僵局感（sense of impasse）。

自我觉察指的是个人对自己的心理、行为表现是否有正确而理性的感觉和认知，从而更好地认识世界、适应社会和有效创造。自我觉察是一个人全面发展的第一步，是任何成长的基本要素。因此，拓展自我觉察是人类成长的根本。

我们之所以能够做决定和反应，是因为拥有自我觉察的能力。增强自我觉察是所有咨询的目标，其中包括对事物的选择、动机、影响因素和目标追求等。通过不断提升的自我觉察，释放自己的能量，明白自己选择做什么、如何做，最终能为自己的行为负责，以达到自主与成长。

中国有句老话："人贵有自知之明"。咨询师的首要任务就是帮助来访者了解自己是什么样的人，了解自己在现实生活中所扮演的角色、相信什么、潜在能力和将来要承担的角色，以及要达到的目标，使之能明确地定位。一般而言，拓展来访者的自我觉察有下面三个要素。

接纳自己

接纳自己是自我觉察的第一步。在咨询过程中，咨询师必须帮助来访者了解和接纳自己是一个有情绪、有想法、有信念的人，而且在来访者真实地面对自己时，能觉察到阻碍自己成长的因素，并且获得或增强处理生涯问题的信心和能力。

接纳自己，包括接纳自己过去不完美的行为和经历。根据罗杰斯的

“以人为中心疗法”的观点，来访者在自我成长和发展过程中的一个重要部分，即是承认自己是一个在不断成长的过程中会犯错的人，这与一个人必须正确完美才是好人或才值得被爱的观念大不相同。因此，咨询师必须帮助来访者觉察到自己是一个终身需要不断学习和成长的个体，并把获得的成就看作一种持续的进步和改变，而非一味地追求完美。

来访者自我觉察的过程能让他卸下自我防御的面具，接受自己生命中真实的一面，并且愿意随着时间的推进而更新改变。举例而言，当某位来访者觉察到自己并非想象的那么美好时，他开始卸下了伪装的面具说：“当我看到别人轻视我的时候，我会感到很生气，尽管以前我不承认，但这种情绪确实存在。现在，我有了清楚的认识且能理智地表达出来，我才发现自己已经生气很久了。”自那一刻起，这位来访者的自我觉察功能开始提升。

活在当下

在咨询中，有些来访者好像经常活在过去的回忆中，而有些来访者则时时活在对未来的幻想里。他们既缺乏此时此地的意识，也没有活在当下的觉察。面对这些来访者，怎样才能让他们关注当下，学会在现今所处的时空里捕捉自己真实的内心感受？

咨询时的重点要聚焦在来访者“此时此地”的过程上，要帮助来访者了解自己的现状和特点，让他们知道自己的长处和不足，知道自己具备什么样的潜能，不具备什么样的潜能，即帮助来访者厘清现在可以“做什么”和“如何做”。对于那些个人无力达到的目标，不做徒劳的努力。

咨询师必须牢记，咨询在此时此地发生，而来访者的觉察也在此时此地发生。来访者唯有觉察到此时此地，他的过去和未来才有意义。举例而言，一位来访者在初次咨询中不时地抱怨过去的错误选择，说：“如果让我从头再来一次，我会……”同时他又不断地叙述自己未来有许多梦想：“希望将来我能……”甚至，将过去经验和未来梦想联系起来：“如果没有过去的错误，我将来……”当咨询师引导他觉察此时此地的重要性时，他才恍然觉察到：“我跳过了现在，那现在我可以做什么？”对来访者强调此时此地，并非忽视或否认他的过去和未来的重要性，因为过去和未来是一条觉察连续线上的两端，而当下则是这条觉察线当中的枢纽，且是一个重要的枢纽。

另外，咨询师要避免从自己的角度解释来访者陈述的内容，因为这是以自己的觉察取代来访者的觉察。同时，咨询师也要避免做过多的原因探究，因为把焦点过多地放在来访者行为的原因，也就是“为什么”上，很可能会引发来访者的合理化防御机制，反而不利于来访者的自我觉察和自我成长。

自我负责

来访者在觉察接纳自己和活在当下的同时，也要觉察到他需要对自己所做的选择和采取的行为负责，进而对自己的生涯成长负责，这一点是极其重要的，因为这也是让来访者明确知道要对自己的生命负责。因此，咨询师必须相信来访者是负责任的且有能力反应的个体。虽然觉察不同的行动后果和限制很重要，但来访者最终有责任去做选择与评估。咨询师为了增强来访者自我负责的信心，可以对他说：“经过我们的几次讨论，你对解决自己的问题已有了清楚的了解，下一步如何做，成效如何，完全掌握在你自己手中。”

其次，咨询师要鼓励来访者建立自我管理的信心和能力，鼓励来访者对自己的生涯发展担负起更多的责任，并能对自己做出适当的自我肯定，而不是缺乏主见地依赖他人或外在的支持。然而，帮助来访者建立和明确这种自我负责的意识和态度，并不是忽视他人的期望和意见，而是积极理性地接纳并参考他人的建议和观点，然后做出明智的选择和行动。有些来访者可能会过度地依赖咨询师的意见，因此咨询师必须适时提醒来访者，他自己才是起主导作用的根本和关键，只有改变自己、战胜自己、重塑自己，才能最终超越自己。

第二节　反思生涯信念

人的内在信念跟自己的情绪和行为之间的关系非常密切，而且相互影响。例如，当来访者说："我不可能做好任何事"时，他的信念可能是"我不好"或"我不行"。又如，来访者面对考试有焦虑的情绪，他的信念可能是"我肯定考不好""我考砸了怎么办"等自我挫败的想法。

在生涯咨询中，经常发现来访者的信念是造成他自身问题的根源。因此，咨询师必须对影响来访者自身情绪和行为的信念有所了解，并运用一些策略和方法帮助来访者针对自己的生涯信念进行反思，然后通过来访者的自我了解和改变，改正消极信念，建立积极信念，进而使生涯问题的障碍得以消除。

信念

在探讨生涯信念前，有必要回顾心理咨询中三个认知行为取向疗法关于信念的观点。

非理性信念

"理性情绪行为疗法（Rational-Emotive Behavior Therapy）"的创始人艾利斯（Ellis，1994）认为信念分为理性和非理性两类：理性信念能够促进自我增强并能帮助人们达成目标，这种理性的思维和认知是现实的一种合理考量，通常会引发建设性的行为模式；而非理性信念则是不合逻辑且错误推论的思维和认知，容易引发武断或绝对性的评价，最后不仅不能达成目标，而且会造成负面的情绪困扰，例如：忧郁、生气、焦虑、后悔、自怜、无价值感、愤怒等情绪，以及退缩、逃避、暴力与拖延等不适应行为。

因此，艾利斯认为非理性信念是一种“失功能”的思考过程，如夸大、过度类化、过分简化、不合逻辑、错误的推论、僵化以及未经验证的假设等。因此，情绪困扰是非理性信念下的产物，而一个人减少情绪困扰的最好方法就是改变自己的思考方式。

理性情绪行为疗法一旦侦测到来访者的非理性信念，下一步就是运用驳斥的技术，如挑战来访者僵化或没有弹性的信念、协助来访者评估这些信念的真实性或合理性，并且教导来访者建立理性信念等。

自动化思维

“认知疗法（Cognitive Therapy）”的创始人贝克（Beck，1987）认为：适应不良信念会形成认知扭曲，如对自己负面的评价、以负面的方式做经验解释，以及对未来作负面的推论等。贝克特别提出人们经常产生自动化思维，该观点认为它是一种自动反射的内在对话，对人的行为有决定性的影响，而这种导致行为或情绪产生的自动化思维，也称为适应不良信念。

认知疗法最常使用的技术是“苏格拉底式对话”，用来检验来访者信念的证据是否充分，也会提出一些和来访者信念相反的证据来面质来访者，引导来访者通过这种类似辩证的过程，帮助他觉察和反思自己的适应不良信念。

自我对话

“认知行为矫正（Cognitive Behavior Modification）”的创始人梅钦鲍姆（Meichenbaum，1977）认为自我对话（self-verbalizations）是人在内心中自己对自己说话的声音，也称为自我内言或自我陈述。当来访者负面的自我对话在内心不断地出现时，例如：“我是一个失败的人”“别人批评我，让我觉得一无是处”等，其不健康或不适应的行为自然会增多。而当来访者常重复健康或正面的自我对话，例如“虽然这次失败了，但我仍是个相当不错的人”“我是有能力的，即使有些人批评我”等，来访者就能表现出更健康或更适应的行为。

认知行为矫正常用的咨询技术是教导来访者持续监测其自我对话，并以更适当的对话取代不适当的对话。可以要求来访者学习应用一些适应性陈述句，在有压力的情境下，来访者可以在内心重复练习这些适应性的陈述句，以减轻并消除来访者产生的焦虑或恐惧。

生涯信念

从认知心理学的观点来看，信念（包括生涯信念）是一种认知图式（schema）。所谓认知图式，是一种由过去经验所形成的知识系统，人会根据这套系统来认识和应对现实环境，并依据系统来发展未来的行为。狭义而言，过去认为生涯信念是一组对自己以及对自己所在的工作世界和未来发展的综合假设（金树人，1997）。而今，随着心理学的发展和心理活动的多元化，生涯信念不仅是个人根据过去经验形成的认知，而且包括与自己生涯有关的所有的看法、主张和意见等，不限于工作世界的信念。

第二章介绍了克伦伯兹的社会学习论，其中提及的自我观察和世界观的推论，即是认知图式的一种形式。克伦伯兹认为来访者的认知图式可能源自下面两类推论（Krumboltz，1979）。

1. 自我观察的推论：来访者的自我观察推论与他过去的经验有关，而且常常是与他人比较的结果。例如，来访者认为自己是一个不擅长交际的人、数学能力差等。
2. 世界观的推论：世界观的推论是以自我观察推论为基础，无论正确与否，常常成为影响生涯发展方向的动力。例如，来访者的推论是："我不擅长交际，所以不适合从事教育、社会工作之类的职业""我数学不好，只能读文科"等。

克伦伯兹（1983）依据上述观点，提出了来访者常见的七个"麻烦信念"的类型和例子，举例说明如下。

1. 错误的推论：来访者把一部分的事实或经验视为支持自己观点的

充分证据，推演到所有的人或事上。这种以偏概全的信念，例如：“我的个性内向，不可能从事咨询师的工作”“我只要一看到血就头晕，不适合学医”“我的数学不好，理工方面的专业肯定学不好”等。

2. 单一标准的自我比较：来访者以某个或某些特定的人物与自己比较，造成裹足不前或错失机会。这种狭隘标准的信念，例如：“我的同学某某人家世好，将来一定有前途，而我就没他这样的背景”“这个专业有成就的人都能说会道，而我表达能力这么差，不可能成功”等。
3. 对不好结果的夸大情绪：来访者将自己身上发生的一些不顺利或失败视为不幸，并且有夸大的负面情绪，因而不愿再尝试努力。这种灾难情绪的信念，例如：“我连这件事都做不好，太差劲了”“申请的三家公司都拒绝我，我的前途悲惨”等。
4. 倒果为因的推论：来访者由于信心或资讯不足，对自己的生涯预设立场或过早下结论，造成发展上的限制。这种倒因为果的信念，例如：“我的颜值低，这个行业出来的都是帅哥美女”“依照我过去的经验，失败的可能性很大”等。
5. 择善固执：来访者对自己追求的目标过于执着或理想化，缺乏弹性变通的思考，加上自以为是的作为，常让自己陷入僵局。这种固执成见的信念如：“我就是要出国读书，否则将来没有前途”“我希望找一个赚钱多、干活少、离家近的工作”等。
6. 因小失大：来访者由于过度在意枝末细节或次要因素，而忽略整体或重要因素，以致容易犯下“见树不见林”的疏失。这种以偏概全的信念如：“我认为一个人赚多少钱代表他的地位”“我要有那位成功企业家的运气就好了”等。
7. 自欺欺人：来访者为掩饰让自己失败的真正原因，制造一些似是而非的理由或借口，以致无法突破现在的困境而迷失未来的方向。这种掩饰真实的信念如：“在现今竞争激烈的社会，必须要有好的人际背景”“这门学科成绩不好，是老师教法有问题”等。

纪宪燕（1994）根据克伦伯兹的观点，收集了中国台湾地区的大学生的180个有关生涯决定的信念，编制了生涯信念量表，总结出六个维度。

1. 工作本身有无价值：相信工作本身极有价值，或相信工作是达成其他目标的手段，其内涵包括成就感、开放度、工作条件、迁居意愿、角色刻板印象、冒险性、休闲生活、努力意愿等。
2. 有弹性变化 / 无法接受改变：其内涵包括个人是否认为大学教育是获取好工作的必要条件、是否相信一次选择定终身、能否接受变化、能否接受学非所用、能否接受自己处于生涯未定向状态等。
3. 相信自己 / 依赖别人：其内涵包括他人的支持、责任感、与他人比较、生涯自我效能、逃避、依赖、专家支持等。
4. 关于成功 / 失败：其内涵包括自我价值是否建立在工作表现上、完美主义、不成功便是失败等。
5. 关于决定历程：其内涵包括控制不确定性、人与环境适配、审慎、最佳工作信念等。
6. 顺从 / 不受限制本身：其内涵包括外在取向、顺从家人或社会价值观、督导、工作时间等。

将上述中国台湾地区的大学生的调查结果，与克伦伯兹的生涯信念量表做比较，金树人（2007）发现有三项与西方研究不同的信念。

1. 面子主义：相信每个人都会获得完美的工作，不容许自己出错，害怕失败，担心若找不到满意的工作，会给家人丢脸。
2. 性别刻板印象：认为社会对两性在工作上的表现，有不一样的期待与限制。
3. 外在取向：做生涯决定时，倾向于接受家人的期望及社会价值观。

王雪娇（2009）以纪宪燕的生涯信念量表为基础，结合国内外文献编制了一个适合中国大陆高校学生的生涯信念量表，包括六个维度。

1. 期望：个体对自己生涯各方面（例如工作、自我表现、他人的赞许）希望达到的状态。得分高表示存在不切实际的期望。
2. 成就动机：个体工作选择和追求成就时的动机。得分高代表其动机水平过高，太重视成功和控制感。
3. 价值判断：个体对自我、工作、生涯三者之间价值关系的判断。得分高表示其价值判断主观或武断。
4. 犹豫 / 焦虑：个体对生涯选择的犹豫和焦虑。得分高表示其生涯选择存在较高程度的犹豫和焦虑，或容易改变已有的决定。
5. 开放性：个体对生涯选择和状态的变通程度。得分高表示变通程度较低，对选择的范围和结果持较为固执的想法。
6. 弹性：个体对生涯的理解和选择是否具有适当的可变性。得分高表示认为对生涯的理解不易改变，选择缺少弹性。

综上所述，生涯信念虽然因研究者的研究结果或观点有所不同，但是仍可看出它们有许多相通或接近的概念，都可作为与来访者探讨生涯信念的参考。值得提醒的是，在咨询过程中不能把来访者一些不合主流或与自己不同的信念都视为麻烦信念，重点在于来访者的信念是否造成他生涯发展的不良影响，然后与来访者进一步探讨。

第三节　生涯信念咨询

除了上述三个认知行为取向针对一般信念的咨询策略外，克伦伯兹根据其所描述的生涯信念，发展出生涯信念的六个咨询步骤：倾听和理解来访者的问题；确定来访者的麻烦信念类型；探究来访者的麻烦信念含义；要求来访者对自己的麻烦信念提出证据；鼓励来访者以行动去验证信念的正确性；如果证明信念有误，要求来访者采取改变行动（Krumboltz,

1991）。

综合这些一般信念和生涯信念的咨询观点，并结合之前谈过的生涯咨询基本技术和探索生涯问题的技巧，下面把上述的六个步骤转化为四个咨询阶段依次说明。值得留意的是，虽然区分了四个阶段，但各阶段之间可能有所重叠或重复出现。

倾听和发现

咨询师倾听的目的是引导来访者说出自己的问题，并且通过倾听发现来访者的言语中一些可能是非理性信念或适应不良信念的线索，例如：怀疑自己的能力、不敢尝试冒险、要求完美、低目标或逃避问题、不容许自己出错、依赖他人的期望、只相信自己、刻板印象、不敢面对改变等。而且，咨询师会发现不少来访者有上述两个或两个以上的线索，因为许多非理性或适应不良信念都有同一个核心的信念，例如：我必须、我应该、我无法、我不能等。

倾听的技术在第三章已有详细介绍，在此不赘述。下面分别针对上述信念举一些例子，说明咨询师需要留意的可能线索。

来访者：我觉得要达到这个目标不太可能。（可能是怀疑自己的能力）

来访者：我知道必须采取行动，但是我有一些担心。（可能是不敢尝试冒险）

来访者：我认为自己没有什么值得骄傲的。（可能是要求完美）

来访者：我只求有一份安定的工作，不要与任何人竞争。（可能是低目标或逃避问题）

来访者：我气自己连这点事都做不好。（不容许自己出错）

来访者：我不知道自己将来要干什么？这个专业是我爸妈选的。（可能是依赖他人的期望）

来访者：都是我自己做的决定，因为别人不了解我。（可能是只相信自己）

来访者：我觉得这个专业不适合女生。（可能是刻板印象）

来访者：谁知道未来会变成什么样？我宁可维持现状。（可能是不敢面对改变）

聚焦和侦测

咨询师通过倾听发现了来访者的一些非理性或适应不良信念的可能线索之后，必须与来访者进一步探讨，以求证这些线索是否为非理性信念或适应不良信念。运用处理多重问题时的办法，帮助来访者先聚焦在一个问题的探索上，之后再讨论其他问题。聚焦的目的也是针对来访者可能存在的信念，然后一个信念一个信念地去深入探索。咨询师这样侦测的目的，除了肯定并判断来访者的信念是否为非理性信念外，也能帮助和引导来访者觉察和了解自己的非理性信念或适应不良的生涯信念。无论是非理性信念、自动化思维还是负面自我对话，咨询师都可与来访者一起来侦测非理性或适应不良信念。至于采取何者，并无一定的规则或范式，主要视咨询师的理念和专长而定，以下分别举例说明。

侦测非理性信念

咨询师从来访者的话语中，发现了来访者认知、情绪或行为的非理性信念线索，之后必须继续聚焦和侦测。例如：

来访者：我必须要更努力，否则……（话中的“必须”可能是非理性信念）

咨询师：你说“必须”的意思是？能说得更清楚些吗？

来访者：我觉得自己对不起父母的期望。（有罪恶感或难过的情绪，可能是“自我贬抑”的非理性信念）

咨询师：你觉得自己不符合父母期望，是因为……

来访者：我不敢尝试，我可能会失败。（自我挫败的行为，可能是“要求完美”的非理性信念）

咨询师：你不敢尝试的理由或原因是……

侦测自动化思维

咨询师侦测来访者的自动化思维，最常运用的是苏格拉底式对话，目的在于探讨来访者逻辑上的推论错误，这可能是一个冗长的辩证过程。通常，咨询师先引导来访者觉察其情绪或行为背后的想法，接着以苏格拉底式对话进行。

下面以咨询师问话的三个句子为例，说明帮助来访者侦测自动化思维的应用。为便于了解其连贯性，阶段三和阶段四的运用一并举例说明。

例一：我了解你被拒绝时的那种难过的感觉，除此之外，你当时有什么想法？

你觉得不公平的意思是？

有什么理由说这件事不公平？（阶段三）

以后面对这种事，你有什么新想法？（阶段四）

例二：在你生气的那一刻，你的脑海中产生过什么想法吗？

请你多说些“非白即黑”的想法……

这件事除了黑或白之外，还有其他的可能吗？（阶段三）

你想到了哪些可能？（阶段三）

如果以后有类似情形，你还会生气吗？为什么不？（阶段四）

例三：你是怎么看待这件事的？

有什么证据支持你的这种看法？

你觉得你的证据充分吗？（阶段三）

你认为还有什么解释？（阶段三）

所以，以后你会怎么做？（阶段四）

侦测自我对话

咨询师侦测来访者的自我对话，主要是发现来访者内心经常出现的心声，且造成生涯困扰或问题的自我对话，几乎都是消极负面的声音。咨询师除了在咨询过程中运用这种方法外，还可以教导来访者做负面自我对话的自我监测，以及改变和建立正面自我对话的练习，这就是梅钦鲍姆（1977）提倡的“自我指导训练”。下面这些例子的后半段对话是咨询师侦测来访者负面自我对话后的指导，为了便于了解和运用而一起呈现。

来访者：我就是因为不敢尝试，所以失去了许多机会。

咨询师：想一想，从过去到现在，当你碰到不敢尝试的事情时，你心里在想什么？

来访者：我是不可能成功的，就像过去一样。

咨询师：就好像心里有个声音在告诉自己会失败，是吗？

来访者：对！就是这样。

咨询师：我想这个声音是你一直不敢去尝试的障碍，你觉得呢？

来访者：真的是，那我该怎么办？

咨询师：这是一种负面的自我对话，它一直在阻碍着你尝试和前进，所以你必须改变这种负面的自我对话。

来访者：我也很想啊！但怎么能改变呢？

咨询师：我跟你谈了许多，发现你有不少的优点和能力。如果你对自己不再重复这种负面自我对话，而是在心里不断地出现积极的正面自我对话，比如我是有能力的、我会成功的，你就有信心抓住许多成功的机会。

举证和验证

举证的目的是，咨询师引导来访者对自己非理性或适应不良的信念提出支持证据，并检验这些证据是否充分或合理。咨询师在检验过程中鼓励来访者采取行动，去证明自己的信念的正确或合理性如何。下面以一个大学本科三年级的来访者为例。

来访者：我觉得自己不适合学法律这个专业。

咨询师：你怎么知道自己不适合学法律专业呢？

来访者：我听到许多学长讲他们实习的情形很无趣，我想我很难适应。

咨询师：你说的许多学长，有多少位？

来访者：哦，三四位吧，都是平时关系比较好的。

咨询师：听起来不是很多，你觉得他们的经验有代表性吗？

来访者：嗯，你的意思是？

咨询师：我想还有其他人可能会有不同的经验，你觉得呢？

来访者：也许是吧！每个人的感受都会不一样的。

咨询师：很好，那你有什么打算呢？

来访者：可能我还要去多了解一点。问问其他人，也许跟实习单位和带教老师也有关系。

咨询师：你会去问哪些人呢？

来访者：不局限在这个小圈子吧，像校友群也可以，了解一下已经工作的人是什么情况。

咨询师：不错的想法，那这星期就按你的想法多听听过来人的经验，我们下次再继续讨论，好吗？

改变和行动

如果来访者通过侦测或检验自己原先的信念，发现的确是非理性信念或适应不良信念，咨询师除了提醒他改变原先的非理性或适应不良的信念，建立理性或适应良好的信念以外，还要鼓励他采取实际行动，做出改变。继续以阶段三，第二次的会谈为例。

来访者：上周我请教了另外五位学长，发现实习并不像想象的那么无趣。

咨询师：哦，他们怎么说的？

来访者：他们觉得主动一点的话也能学到一些实务的经验，他们还说……

咨询师：所以，你现在的想法是？

来访者：我太担忧了，原先认为自己很难适应，现在觉得还好。

咨询师：我想实习跟实际的工作情形还是有一些差距，你觉得呢？

来访者：嗯，肯定是的，我在校友群发了个求助帖，有个已经工作几年的学长跟我聊了一会儿。我挺羡慕他的工作状态的。

咨询师：所以，你之前说自己不适合学法律这个专业，现在呢？

来访者：我想今年暑假先去实习两个月，看看情形再说。

咨询师：很好，也许你会有不一样的收获。

来访者：如果实习后，我真的觉得自己不适合学法律专业，怎么办？

咨询师：我鼓励你先放下自己不适合学法律专业的想法，放宽心去多听、多看、多学。如果真的不适合，也是一种确定，不是吗？到时候我们再讨论其他可能的发展方向。

第四节　运用测评方法

在生涯咨询中，测评方法也扮演着一个重要角色。咨询师可根据测评所得的数据来规划和评估咨询方案，而通过测评结果也能协助来访者厘清问题的本质，从中获得自我领悟和增进自我了解，并做出改变计划和行动。因此，测评的过程具有咨询的功能，正如一些研究指出的，咨询师将测评结果反馈给来访者，来访者便可能从中得到实质的帮助。

心理测验

基于沃特金斯、坎贝尔和尼泊丁（Watkins，Campbell & Nieberding，1994）的调查问卷，受调查的咨询师指出，他们使用心理测验的目的是增进来访者的自我了解、协助来访者做决策，以及鼓励来访者参与咨询过程。

许多来访者前来咨询时，可能期望有一个权威而有力的测验能告诉他们准确的生涯方向，遗憾的是现今并没有如此完美的测验。虽然测验在探索的过程中扮演重要角色，但是任何测验都是有限制的，这是咨询师必须明白的事实，也是为何使用心理测验需要基本训练的理由。

下面介绍几个国外生涯咨询常用的标准化心理测验，由于国内这方面测验较少，有一些翻译和修订的测验在网上也可找到，但这些测验多年未重新编修，导致在应用上受到限制。不过，咨询师仍可自编一些简单的测验，作为咨询时的辅助工具，或者运用前几章介绍的几个简单测验或问卷。

1. 生涯信念调查表（Career Beliefs Inventory，CBI）。生涯信念调查表的测量内容包括开放度、控制性、冒险性（Krumboltz，1991），通常在咨询初期使用，目的在于探索和了解影响来访者生涯发展的内在假设。此调查表虽然提供了一些兴趣及态度测验所无法提供的信息，但因为有心理测评方面的限制，因此，与其说它是一种测验，不如视为会谈的辅助工具较为适当。
2. 生涯决策量表（Career Decision Scale，CDS）。由奥萨博（Osipow，1987）所发展，是一个能帮助指出来访者对生涯犹疑原因的工具，包括确定量表和未确定量表。CDS 的主要测量内容，包括迟疑不决的感觉、内在和外在的阻碍、双趋冲突、依赖性等，主要来探索和了解来访者迟疑不决的可能原因。
3. 生涯发展调查表（Career Development Inventory，CDI）。舒伯等人根据其生涯发展理论编制而成，目的为评估学生在做教育或工作选择时的准备度，包括工作世界的认识、生涯计划、探索、决策等。调查表有中学、大学和成人三个版本，中文版由中国台湾的学者林幸台和林清文（1986）修订。

4. 生涯成熟调查表（Career Maturity Inventory，CMI）。奠基于克莱特（Crite，1978）的生涯发展模式，其目的是测量生涯规划的态度、生涯规划的能力及生涯成熟度等。中文版有多位学者修订过，但发现所调查的中学生和大学生各方面的生涯成熟度都有不足之处，致使测验结果解释受到限制，但作为咨询师用于引导来访者对生涯的自我探索仍有一定的实用价值。

5. 工作价值调查表（Work Values Inventory，WVI）。以舒伯（1970）的生涯发展研究与咨询为主轴而发展出来的评估工具，其目的为分析来访者对工作情境的内在价值或目标：创造力、智能激发、成就、独立、声望、经济上的报酬、安全、环境、督导关系、朋友关系、生活方式与多样性等（Watkin，et al., 1994）。

6. 史氏兴趣量表（Strong Interest Inventory，SII）。此量表包含八个分量表：职业类别、学校科目、一般性活动、休闲活动、人格类型、配对活动偏好度、个人特质、工作形态偏好度（Harmon，et al., 1994）。大部分的项目要求来访者回答喜不喜欢某项工作或活动。

7. 库德职业兴趣调查（Kuder Occupational Interest Survey，KOIS）。此测验包含职业兴趣估计以及职业与大学科系量表，是以来访者的兴趣与不同职业团体做比较而设计的（Kuder，1988）。其中职业与大学科系量表，也可以用来预测在未来职业或大学科系中可能的成就。

8. 职业组合卡（Vocational Card Sort，VCS）。组合卡是另一种心理测验形式（Peterson，1998），金树人（2000）根据霍兰德的生涯类型论编制了《职业兴趣组合卡》，其主要的实施步骤，是让来访者先依照 60 张卡片上标示的职业做喜欢及不喜欢的分类，接着咨询师要求来访者分别说明喜欢和不喜欢的理由或原因，进而帮助来访者归纳出喜欢和不喜欢的职业特性，以及实际、研究、艺术、社会、企业、传统六种主类型和次类型（见第二章）。在分类活动中，来访者不仅可以了解自己的职业兴趣类型，也通过这些过程对自己生涯知识的了解和成熟度有所领悟。整个过程可视为一种测量来访者生涯发展的主观方法，也是对其生涯探索的一种刺激。

行为观察

行为观察与来访者可以被观察和量化的行为有关，观察可以是预先计划的，或以最近发生的事件为基础。咨询师可针对来访者较常发生在自然情境下的行为进行观察，通常会记录来访者行为的发生频率或次数，如行为改善的百分率、专注在工作上的时间长短、说话时犹豫的次数等。行为观察的优点在于直接与来访者所关切的行为有关，而且行为的改变通常可以当作咨询目标的一部分，也能对咨询策略和方法提供参考线索。

传记式测量

传记式测量关注与来访者过去成就、经验有关的档案或记录，如作文、日记、入学申请表格、学业成绩、课外活动奖状、业余爱好作品等。

传记式测量的价值，正如一句心理学格言所述："未来行为表现的最佳预测效标是过去的行为表现。"例如，预测大学成绩最好的一个指标是高中成绩，而在学校有突出领导表现的学生在未来工作上也可能是优秀的管理者。

传记式测量是一个既经济又有效的方法，一些如领导经验或创造性成就等不易测量的主题，运用传记式测量则能提供有用的信息。传记式测量虽然可以获得大量的信息，但咨询师需要与来访者或熟悉来访者情况的人多沟通，才能进一步确定这些信息的意义。

生理测量

生理测量在了解来访者行为上有越来越重要的趋势。生理测量与非自主性的生理状态和功能有关，包括体温、脑波、肤电反应、肌肉收缩反应、血压等。

一般而言，生理测量在生涯咨询中较少使用，除非有特别的考虑，如来访者生理状态严重影响其心理反应，或以系统脱敏法降低来访者的焦虑等。有些生理测量工具较复杂，如使用生物反馈系统，需要咨询师有长期的专业训练，因此建议最好转介给这方面的专家处理。

思考活动

1. 除了在咨询过程中用对话的方式和来访者探讨自我觉察外，还有什么策略或途径可以增进或提升来访者的自我觉察？不妨回想一下，自己过去曾用过哪些方法？
2. 你身边有人正经历生涯发展方面的困惑吗？思考一下，可能是什么非理性或适应不良的信念、负面自我对话干扰或阻碍了他？
3. 你做过本章介绍的标准化测验或测评吗？如果有，它为你带来什么启发或感受？

第六章

有效运用资源

有效运用资源是生涯咨询的重要策略和方法。在来访者对自己有更清楚的了解之后，咨询的重心应该扩展到来访者的生涯资源运用上，也就是帮助来访者对这些生涯资源有更多的了解以及最合理地运用它们。因为，这些资源既可以带给来访者相当大的帮助，但如果运用不善，也可能成为来访者生涯发展上的阻力。例如，来访者的高学历可能在就业市场上让他有较好的竞争力，但也可能因父母期望或社会价值观让他陷入高不成、低不就的困境。

来访者的生涯资源，包括内在资源和外在资源。内在资源是指来访者本身的特质和能力，外在资源则是指来访者周围可利用的人、事、物。在第四章和第五章中，已就内在资源的探索和了解做了清楚的探讨和阐述，本章主要来探讨咨询师如何帮助来访者寻求和获取对自己有帮助的外在资源，尤其是利用目前日益受重视的网络资讯，最后将来访者的内在资源与外在资源加以整合，使其成为来访者生涯计划与行动的有用知识和支持力量。

第一节　寻求外在资源

通常，来访者的外在资源大致可分为生涯资讯和社会支持两类。生涯资讯是指来访者获得学校教育、专业训练、工作和休闲，以及就业市场的趋势等资讯是否充分和有效。社会支持是指来访者得到家庭、学校、社会、政治、经济等支持的多寡。

关于来访者的学校教育、专业训练、工作和休闲等生涯资讯因人而异，而且多样复杂的资讯内容也不胜枚举。因此，本节主要介绍就业市场的趋势、收集资讯的步骤和社会支持，并以咨询师与来访者的对话为例，说明收集资讯和获得重要他人资讯的咨询过程。

就业市场的趋势

许多来访者前来咨询的目的，就是想让自己有一个满意的未来，他们希望自己在接受了教育或训练之后能找到一个符合自己兴趣或能满足自己要求的工作，并能在将来得到好的发展。咨询师虽然不可能对各行各业都了如指掌，但应该了解现在的就业市场需要具备何种工作技能的人才，并且清楚近五年到十年的就业趋势。

虽然目前的就业市场不断变化，但有其共性的要求和内容。我结合国内外文献整理了以下一些发展趋势。由于这些观点是从宏观的角度来看就业市场的一般趋势，并不能代表就业市场的全貌。因此，咨询师要根据来访者的具体情况，适当地引用其中一些观点，才能给予来访者适切的引导和帮助。

1. 对人才的高度重视，越来越需要高学历和高水平的专业训练，特别是技术型、创新型人才，并且注重工作经验、能力和情商。
2. 强调全球化的企业经营概念，跨国合作公司、海外分公司、外商公司等快速增加，除了专业技术和能力外，多元文化适应和外语能力越来越受重视。
3. 随着传播媒体和资讯技术的日新月异，一些网络平台、线上运营等行业人才需求量增大。
4. 人工智能时代来临，机器越来越智能化，数据化模式渗透到许多行业和职业，人们需要学习如何与人工智能合作。一些传统的工作逐渐被取代，例如流水线工人、银行职员、收银员、电影放映员、库存管理员等。而一些依赖手艺、创造性或非结构化环境能力的工作，如科学家、艺术家、发明家等则依然稳定存在。

5. 平台经济兴起，以网络为依托的行业对使用互联网技术的要求提高，而且强调团队协作能力。随着对生活服务类的工作需求上升，物流、快递、外卖、代购等工作岗位大量增加。
6. 就业市场的人口因素变化，如就业年龄提升、退休年龄延迟、女性和少数民族工作机会增加等。
7. 组织形态和结构的改变，例如大型企业集团兴起、中层管理人员减少、组织精简或裁并情形增多等。
8. 较弹性的就业方式，例如临时和兼职工作机会增加、更多弹性的工作时间、更多个人工作室成立等。
9. 复合型要求趋势，期待一个人可以掌握多种专业技能，可以适应多种挑战。而且行业对于专业的限制范围变大，不再注重职业与专业的完全匹配性，更加多样化、精细化。
10. 工作价值观的改变，例如重视工作与休闲的平衡、关心环保问题、接受夫妻异地工作的现实等。
11. 心理契约的明显改变，例如对工作单位的忠诚度、论件计酬的协议、往高薪处跳槽、不受雇于他人的个体户等。近年来，一些年轻人不再满足“专一职业”的生活方式，而选择拥有多重职业和身份的多元生活方式（所谓的“斜杠青年”）。
12. 工作不安全感增加，例如终身或资深员工的保障减少、较多契约式的工作、较长的无业或待业时期等。
13. 重视终身学习的机会，例如回校进修高学历、在职进修或培训、自学在线课程、退休后重回学校学习等。
14. 强调全人发展的观念，例如工作与家庭生活的和谐、生理和心理健康的并重、理性和感性的统整、想法和行动的一致等。

15. 兼顾个人生涯与组织生涯的发展，例如追求组织利润不忘关照员工的个人发展、让员工加入公司股东或拥有公司股份、员工根据组织的未来发展计划制订个人的生涯目标等。

收集资讯的步骤

咨询师指导来访者了解和熟悉收集资讯的步骤，可以使寻找资源的过程更有效率。一般而言，咨询师帮助来访者收集资讯的步骤如下。

1. 讨论收集资讯的主题：收集资讯的第一步是，咨询师帮助来访者澄清自己的问题所需要的资讯是什么，如专业的内涵、专业未来的发展、个人兴趣或能力倾向等。如果所需的资讯是一个以上，咨询师应提醒来访者排列优先顺序，然后按部就班收集。
2. 决定收集资讯的方向：咨询师引导来访者思考需要哪些资讯，并且选择适当的收集工具，如到图书馆寻找相关的书籍、杂志、百科全书、报纸等，或上网收集学校或工作的介绍、职业兴趣测评工具、就业市场的发展趋势等。
3. 了解收集资讯的程序：无论使用何种收集资讯的工具，咨询师必须了解来访者使用工具的熟悉度，如果来访者不太清楚收集资讯的程序，则需要先学习和了解，这样收集工作才有效率，如图书馆找资料的流程、上网收集的步骤等。关于如何利用网络资讯，将在下一节说明。
4. 评估收集资讯的价值：收集来的资讯必须经过筛选和整理，才能对来访者的问题有实质帮助。因此，咨询师要与来访者讨论一些筛选的标准或原则，让来访者先做初步的整理，如注意资讯本身与主题之间的关联性，选取有用的资讯，排除无用的资讯。之后，咨询师再与来访者一起评估收集的资讯对解决生涯问题的价值。

在收集资讯的过程中，咨询师要鼓励来访者记录下每个步骤的主要内容，除了有提醒的作用外，也是让来访者获得收集资讯的学习经验。

咨询案例

芳芳是某大学一年级教育系的女生，在学期结束前一个月左右来心理咨询中心求助，她的苦恼是经过近一年的学习，她对专业的内涵和未来发展感到茫然。

第一次会谈

来访者叙述自己的苦恼后，其中一个会谈片段。

咨询师：听起来，你对自己的专业并不是没兴趣，而是对它将来的发展不清楚，是吗？

芳　芳：我很喜欢从事教育工作，只是教育似乎涵盖面很广。

咨询师：涵盖面很广？你的意思是……

芳　芳：听说要学的东西很多，而且不清楚将来干什么。

咨询师：你的问题似乎包括专业的内涵和未来的发展，当然这二者是有关联的。

芳　芳：嗯，确实如此。那我该怎么弄清楚自己专业的内涵和发展呢？

咨询师：我并不了解你的专业，我们为什么不先做一些了解？你觉得呢？

芳　芳：好，我该从哪里着手？

咨询师：首先，我们先了解教育专业的内涵。不过，内涵听起来较抽象，你认为有什么具体的项目可以做？（讨论收集资讯的主题）

芳　芳：我想，我需要收集一些资讯。比如，了解高年级要学习的科目和课本，或者向学长们请教经验。

咨询师：还有，离学期结束还有一个月，你有没有机会去旁听一些高年级的课？

芳　芳：有的，但是我需要一段时间去了解这三方面的信息。（决定收集资讯的方向）

咨询师：我想知道你打算怎样进行？比如什么时间开始？怎么进行？（了解收集资讯的程序）

芳　芳：我可以从明天就开始。了解高年级要学习的科目比较简单，只要去系办公室要课表资料就可以了。关于使用课本，我可以在请教学长的同时，借他们用过的旧课本来阅读。对了，旁听高年级的课可以去系办公室时查一下，找一些自己有时间旁听的科目，可能需要跟上课老师谈谈，得到他们的同意。

咨询师：这三方面的资讯可能很多，有什么原则能让自己有效率地找到有帮助的资讯？比如有许多学长可以请教，该找谁？而且他们可能很忙，谈话的时间有限，谈话有什么重点？

芳　芳：我想先找三位学长，每年级至少一位，最好是成绩在前十名的学长。事先，我会拟出几点要请教的问题。

咨询师：那旁听高年级课和借课本有没有类似的挑选原则？

芳　芳：嗯，我想优先旁听教育哲学、教育行政和教育心理学这三门必修课，借的课本就是这三个科目用的书。

咨询师：现在你很清楚收集资讯的方式和步骤，你需要多少时间收集？

芳　芳：我大概需要两周的时间，可是接下来就是期末考试了，我怕没时间再来谈了。

咨询师：我们约在你期末考试后再谈，好吗？提醒你，在你收集这些资讯的过程中，要把收集的重点记下来，这样我们好一起讨论。

芳　芳：太好了，我会先预约时间的。

第二次会谈

芳　芳：我得到了不少的信息和资料，也做了一些笔记。

咨询师：这些信息和资料对你都是有帮助的吗？（评估收集资讯的价值）

芳　芳：大部分是的。你看，笔记里画红线的是重要的，蓝色打叉的是无用的。

咨询师：归纳起来，你的心得是？

芳　芳：我对教育哲学、行政方面没兴趣，而对心理学比较有兴趣。自己的个性也适合当老师，而且是小学老师。

咨询师：哦，小学老师，教什么科目？

芳　芳：我想当心理健康教育的老师，除了心理学，听学长们说心理咨询的课也很有趣。

咨询师：看样子，你又前进了一步。现在放假了，你有什么打算？

芳　芳：我准备到图书馆去借几本心理学和心理咨询的书看看，我还关注了几个分享学习资源的公众号。

咨询师：下学期呢？

芳　芳：如果感觉不错，我会找时间去旁听心理咨询的课。现在我对于自己的专业内涵清楚多了。

咨询师：好极了，下学期有需要我们可以继续谈。

咨询师在帮助来访者收集资讯的过程中，还有一个原则要掌握：如有机会，要适时地将来访者的资讯做一些经验的联结。例如，咨询师提问："这次不错的打工经验对你的生涯有什么影响？""你觉得上学期有兴趣的两门科目，让你对所学的专业有什么新的认识吗？""我很欣赏你在辩论社的优异表现，你想这对自己今后的工作有哪些帮助？"

社会支持

广义的社会支持较不易了解或预知，如经济状况、社会价值、政策方向等。因此，咨询师不需要过度费神去掌握这些资讯，只要随时留意政策导向和媒体的相关报道就可以了，并将一些有意义的资讯存档，以备需要时使用。

咨询师帮助来访者运用社会支持，一个立即可得且具体的方法是：收集来访者周围重要他人的信息。重要他人指的是来访者个体以及心理人格形成的过程中具有重要影响的具体人物，如父母长辈、兄弟姐妹，或老师、同事、好朋友等。因此，对来访者的生涯发展而言，周围的重要他人同样对其有很大的影响力。所以，在生涯咨询时，咨询师常常需要了解谁是来访者的重要他人、什么形式的社会支持（包括不支持或反对）、支持的程度如何等。重要他人的社会支持有几种方式，如金钱、物质、意见、情感的支持等。而有些重要他人的支持可能兼有金钱、意见和情感的支持，但也可能会随时间而改变。

获得重要他人的信息有许多不同的方式，如从来访者口中得知、对重要他人进行电话访谈或面谈、邀请重要他人参与咨询等。阿蒙森（Amundson，2003）建议可使用《重要他人问卷》（Significant Others Questionnaire）直接获取有用的信息，包括他人对来访者的看法和对其未来方向的建议。回答者是来访者认为的重要他人，如父母、同学、朋友等。在询问重要他人的意见之前，咨询师先要与来访者商量谁是最适合做此问卷的人，而且问卷里的题目可视情况增减或修改，得到的信息也要与来访者一起整理和讨论。

重要他人问卷

你的意见对__________（来访者姓名）未来的生涯计划很重要，请你真诚地回答下面的问题。

1. 你认为这个人擅长什么？有哪些能力？
2. 以你的看法，这个人的主要兴趣是什么？
3. 你会怎么描述这个人的特质？
4. 从过去至今，你注意到这个人有哪些正面的改变？特别是在工作或工作价值观方面。
5. 这个人在哪方面需要持续改进？
6. 你注意到这个人有哪些正面的能力和特质，是他自己没有发现的？
7. 如果让你提出建议，你认为这个人理想的工作或生涯应该是什么？

继续芳芳的案例，来看看如何帮助来访者找到重要他人。

咨询师：我们谈到了你对自己的一些能力和兴趣的了解，如果从熟悉你的人来看，他们会有什么相同或不同的看法吗？

芳　芳：我不太了解你的意思。

咨询师：我的意思是，收集一些别人对你的看法或建议，可能会对你做决定有帮助。这里有一份问卷，你看看。（将一份问卷拿给来访者）根据我们的经验，它可以收集一些有价值的信息。

芳　芳：我挺喜欢这种方式的，该怎么进行呢？

咨询师：好，我们先讨论一下。你觉得谁是影响你生涯发展的重要他人？或者说，谁最了解你？

芳　芳：我想我母亲最了解我，其次是我的男朋友。

咨询师：他们愿意填写这个问卷吗？

芳　芳：我的男朋友没问题。我的母亲在家乡，离得较远。我可以在电话里请她回答吗？我做记录。

咨询师：可以，但要是真诚的回答。

芳　芳：哦，我会告诉她，我也不会影响她的看法。

咨询师：那好，就请你男朋友和母亲帮忙。一周的时间够吗？

芳　芳：够了，下周我把他们的看法整理好带来。

另一个直接获得重要他人信息的方式，就是在得到来访者的同意下，邀请来访者的重要他人参与某一次的咨询，讨论的主题参考问卷里的内容。如果邀请来访者的父母参与，阿蒙森和本内尔（Amundson & Penner, 1998）建议最好让他们主要担任观察者的角色，否则咨询可能有被他们控制的危险。但这并不意味着来访者的父母不能表达意见，其主要的用意是让来访者不受在场的父母的影响，而能坦承地表达自己的想法。而我们的看法是，既然邀请来访者的父母参与，不让他们畅所欲言似乎很难。因此，咨询师最好的处理方式是，在开场时先说明谈话的目的是增进彼此的了解和沟通，并提出一些谈话的规则，如父母与孩子双方轮流表达意见、不轻易打断对方的话、尊重和接纳对方的观点等。

第二节　利用网络资讯

在生涯咨询中，网络资讯可以说是一个很好的外在资源。为了有效地使用网络资讯，咨询师必须对网络系统有相当的了解，这样才能根据来访者的需求提供或找到能满足需要的资讯，并且帮助来访者将这些资讯转换为对他有价值的资源。

首先，咨询师要考虑两个利用网络资讯的原则：一是来访者是否需要使用网络资讯，如果来访者已经从其他的途径获得了足够的资讯，则没有必要浪费时间使用网络，何况过度使用网络不见得是好事。二是来访者使用网络的胜任力如何，即使来访者确实需要网络资讯，但信息检索能力不足，使用网络则会受到限制。咨询师虽可以协助他寻找网络资讯，但仍应由来访者承担大部分工作，除了因为来访者必须对自己的问题负责外，来访者主动寻找资讯也是一个重要的学习过程，而帮助来访者学习正是生涯咨询的主要目标之一。

其次，面对大量的网络资讯，怎么知道哪些网站的资讯合适？咨询师在建议或指导来访者使用之前，自己必须对相关网站有一定了解，拥有一些可利用的高品质网络资源清单，而不是需要时才去找。阿蒙森等人（2005）提供了咨询师做准备的方式和步骤。

1. 列出来访者的需要和关心的资讯，例如：
   - 我的兴趣是什么？
   - 我有什么能力？
   - 如何将自己的技术应用到别的工作上？
   - 如何写一份好的履历表？
   - 如何找工作？

- 如何学习成为一个好的工作者？
- 如何找学校？
- 如何得到一些外在的经济支持？
- 如何与相关的网站链接？
- 如何准备出国留学的语言测验？
- 如何了解某个行业的专门知识？

2. 使用一些参考书籍：根据第一点列出的问题，上网寻找一些生涯发展、职业规划、找工作、心理测评等相关网站的资讯。如果有必要，去书店选购此类书籍作为咨询的参考工具。
3. 花时间使用选择出的网站，考虑下面六个原则。
   （1）合法：是个人或机构的网站吗？是注册过的网站吗？
   （2）专业：提供的资讯或测验是否可信？提供者的资历和业务水平如何？
   （3）更新：提供的资讯是否经常更新？更新的日期是何时？
   （4）友善：是否容易使用？网页是否吸引人？
   （5）安全：申请使用的资料是否安全？邮箱或电话是否能保密？
   （6）费用：使用的费用是多少？是否有优惠？
4. 将选择出的网站列成清单，熟悉每个网站的使用方式。由于网站平台的网页经常更新，应定期上线浏览。
5. 复制网站首页或菜单，以备来访者需要。给来访者提供一份参考用的书面资料，这有助于他更容易选择所需要的网站资讯。
6. 跟随来访者使用网站一段时间，随时与他讨论使用的情形，如筛选网站的标准、淘汰资讯的原则、资讯的优先顺序等。同时，帮助来访者将资讯应用在生涯选择或规划上。

第三节 整合资源

通过寻找外在资源和利用网络资讯等途径，来访者或多或少都能获得一些有用的信息和资料。此时，咨询师的任务就是帮助来访者把已经拥有或获得的外在资源与个人内在资源整合，让这些资源和信息对来访者的生涯发展或解决生涯问题产生实用的价值，这也是咨询师责无旁贷的努力目标。

咨询师引导来访者整合生涯资源是生涯咨询的一个重要过程，也是一个不容易的工作，下面介绍两个咨询师较容易了解和运用的方法。

整合生涯资源的四个问题

第一个整合生涯资源的方法是，咨询师在整合的过程中帮助来访者思考下面四个问题（罗文基，朱湘吉，陈如山，1992）。

1. 我可以做什么：如自己所处的环境提供了什么机会？
2. 我能够做什么：如我有从事何种职业的能力？
3. 我想要做什么：如我的兴趣和价值观导引我往哪个方向发展？
4. 我应该做什么：如我在社会中应该负起何种责任？我的家人和亲友对我有何种期望？

咨询师在引导来访者思考这四个问题时，随时提醒来访者将问题的答案做整理和记录，以便进行整合生涯资源的咨询参考。

SWOT 分析法

另一个整合生涯资源的方法，就是近年来很受企业管理界重视的 SWOT 分析法，又称为态势分析法。它是由旧金山大学的管理学专业于 20 世纪 80 年代初提出来的。它能够较客观而准确地分析和研究一个企业的现实情况，对组织实施评估，以增强企业的竞争力，也常作为市场营销管理的分析工具。

SWOT方法是一种系统思维，它的优点在于考虑问题全面，条理清楚，便于检验，而且可以把对问题的“诊断”和“开处方”紧密结合在一起。

SWOT四个英文字母分别代表：优势（Strength）、弱势（Weakness）、机会（Opportunity）、威胁（Threat）。

1. 优势（S）：来访者的优点和成功之处，如专长能力、过去成就表现、拥有的社会支持等。
2. 弱势（W）：来访者内在和外在的不利因素，如有待加强的能力、个性的缺点、外在环境的限制等。
3. 机会（O）：来访者各方面可能拓展或创新之处，如增进能力的教育或训练课程、得到别人帮助或支持的方法、让自己成长或充实的途径等。
4. 威胁（T）：阻碍来访者发展和成功的因素，如自信心不足、他人的负面影响、竞争的压力等。

从整体上看，SWOT可以分为两部分：第一部分为SW，主要用来分析内部条件；第二部分为OT，主要用来分析外部条件。咨询师可以进一步运用这四个因素的配对策略，帮助来访者做出较正确的决策和规划。

1. 加强优势、争取机会（SO: Maxi-Maxi策略）：此为最佳策略，充分利用来访者的优势，以获得发展的机会。
2. 加强优势、降低威胁（ST: Maxi-Mini策略）：来访者面对威胁时，利用自己的优势，以克服或降低威胁。
3. 改进弱势、争取机会（WO: Mini-Maxi策略）：来访者利用外在各种可能的机会，以减少本身劣势造成的障碍。
4. 改进弱势、降低威胁（WT: Mini-Mini策略）：来访者面对威胁时，改进本身劣势，以克服或降低威胁。

咨询师可利用表 6.1，引导来访者分别先列出自己的 S、W、O、T，然后再一一思考和讨论有什么 SO、ST、WO、WT 的策略。

表 6.1　SWOT 分析与发展策略

	列出优势（S）	列出弱势（W）
列出机会（O）	探讨 SO 策略	探讨 WO 策略
列出威胁（T）	探讨 ST 策略	探讨 WT 策略

我们每个人都有自己独特的人格特质、专长和能力，找出自己的缺点与发现自己的优点同等重要。咨询师利用 SWOT 的原理和架构，通过对来访者进行生涯评估和生涯资源的整合，帮助来访者找出对自己有利的、值得发扬的因素，以及对自己不利的、要避开的东西，从而发现存在的问题，找出解决办法，并明确以后的发展方向。

根据这个分析，可以将生涯问题按轻重缓急分类，明确哪些是目前急需解决的问题，哪些是可以稍微往后放一点儿的事情，哪些属于战略目标上的障碍，哪些属于战术上的问题。并将这些研究对象列举出来，依照矩阵形式排列，然后用系统分析的思想，把各种因素相互匹配起来加以分析，将一些以前认为是互不相干的因素联系起来，从而使自己在未来的竞争中更具优势。

特别要说明的是，咨询师所做的 SWOT 分析必须符合来访者的生涯发展或生涯问题，而且之前必须经过探索来访者生涯问题、增进来访者自我了解以及评估来访者资源等步骤。关于探索来访者生涯问题、增进来访者自我了解，以及评估来访者资源已在前面介绍过，在此不再赘述。

下面这一段咨询师与来访者的对话，仍以上述芳芳的情况为例，咨询的重点放在她未来的发展上，来说明运用 SWOT 分析的过程和发展策略。

咨询师：到目前为止，你已经收集了许多资源和信息，包括自我的了解、他人提供的信息、网络资讯等。下一步需要我们把它们整合为对你有用的资源。

芳　芳：对啊！信息实在太多了，该怎么办呢？

咨询师：我这里有一个整合资源的 SWOT 表格，S 的意思是……，W 的意思是……（咨询师一一解说 SWOT 的因素和策略）

芳　芳：我了解，那要从哪里开始呢？

咨询师：先从你的优势（S）开始，到目前为止，在你收集的资源和信息中，将你的专长、能力、优势条件、社会支持……在表中 S 的一栏列出来。

芳　芳：嗯，我的个性温和……我的能力有……（叙述省略）

咨询师：我们再来看 W……（继续讨论 W、O、T）

芳　芳：我的弱势是……（继续列出 W、O、T）

经过一段时间，芳芳已分别列出自己的 S、W、O、T，接下来……

咨询师：请你把自己写的再过目一遍，看看有没有遗漏或需要修改的地方。

芳　芳：嗯，我看……大概差不多了。

咨询师：没关系，想到什么还可以修改。我们先来看看什么是 SO 策略，所谓 SO 是如何充分利用你的优势，来争取发展的机会。

芳　芳：利用我的优势怎么争取机会呢？

咨询师：我们来看看你列出来的机会是：第二专长训练、某机构暑假招募儿童夏令营辅导员、老师和毕业学长常提供工作机会。这个第二专长训练是什么？

芳　芳：这是我们教育系学生从二年级开始，可以选择中文、数学、英文、历史、地理等为第二专长，作为将来当老师时的任教科目。

咨询师：以你的兴趣和能力，考虑选什么科目为第二专长？

芳　芳：当然是英文啊，有兴趣，而且自己的英文能力还不错。

咨询师：还有你肯学习的优点啊！

芳　芳：你真的很会鼓励人。

咨询师：我们再来看看应征夏令营辅导员的机会，你想想这些优势中有哪些可以让自己顺利通过面试？

芳　芳：我会以真诚的态度去面试，表达自己肯学习、喜欢孩子以及曾有的家教经验，还有读教育专业也许有加分作用。

咨询师：那你现在能不能试着表达一次？

芳　芳：从哪里开始？

咨询师：就从自我介绍开始，把你刚才说的优势加进去。假设我是面试的人，我会问你："请你介绍一下自己，包括有什么优势和能力？"

芳　芳：好！我是陈芳芳，现在就读于……我的长处是……

（演练过程省略）

咨询师：其次，如何运用SO策略来把握老师和学长提供的工作机会？

芳　芳：我想可以用真诚、肯学习的态度，多跟老师交流，不仅在课堂上，在私下多向老师请教。还有认真学习，给老师好的印象。跟学长交流也应该以同样的态度和方式。

咨询师：如果我是你的老师或学长，我会很欣赏你，有工作机会便会想到你。我们再来看看如何运用WO的策略，也就是利用外在各种可能的机会，以减少本身弱点造成的障碍。

芳　芳：我知道自己的弱点，特别是自信心不够。我听说你们心理咨询中心每学期都会举办一些团辅活动，我想参加肯定有帮助。关于领导能力的加强，我已报名参加学校暑假的社团干部训练。

咨询师：那缺乏小学主科的教学训练和没有正式教学经验，有什么改进策略吗？

芳　芳：二年级开始我会选择英文作为第二专长，而且在三年级暑假的教学实习中，好好磨炼和提高自己的教学经验。

咨询师：关于ST的策略，就是面对你写的威胁，如应征夏令营的竞争对手多、老师和学校提供好的工作机会较少。你想如何利用自己的优势来克服或降低它们的威胁。

芳　芳：我可以请教带领过儿童夏令营的学长，做一些面试的准备，应该不会有太大的问题。关于老师和学校提供好的工作机会较少，除了刚才说的 SO 策略之外，我要努力用功，让自己的成绩进步，我一年级的成绩不理想。

咨询师：你说的这些策略确实会产生好的效果。最后，我们来看 WT 的策略，面对你所说的威胁，如何改进自己的弱点，以克服或降低这些威胁。

芳　芳：除了我要在各方面努力学习之外，我也想请你帮我掌握加强自信心的方法和学习应聘工作的面试技巧。

咨询师：很好的想法，不过得一步一步来。我记下来了，我们下周来谈如何加强自信和学习面试技巧。

芳　芳：太好了。

咨询师：恭喜你完成了这个分析表，经过这样的生涯资源整合过程，你觉得如何？

芳　芳：我觉得对未来不再是茫然的感觉，而是有好多事要做。

咨询师：对的，所以要有计划。

芳　芳：那要怎么计划呢？

咨询师：下周我们先谈如何加强自信和面试技巧，然后再谈如何计划。（如何制订计划将在后续章节说明）

芳　芳：我要把这张表带回去，放在透明桌垫下，随时提醒自己。谢谢你，我现在踏实多了，再见。

芳芳带回去的 SWOT 分析表如表 6.2。

目标：小学心理健康教育教师

表 6.2　芳芳的 SWOT 分析表

SW OT	**优势（S）：** 真诚、善良、温和、肯学习、喜欢小孩、父母和男朋友支持、高中时有过家教经验、英文不错	**弱势（W）：** 自信心不够、领导能力较差、教育专业了解不足、缺乏小学主科的教学训练、没有正式教学经验
机会（O）： 第二专长训练、某机构儿童夏令营招募辅导员、老师和毕业学长可能提供工作机会	**SO 策略：** 选择英文为第二专长、演练应征夏令营辅导员的面试、与老师和学长交流及多请教	**WO 策略：** 参加心理咨询中心举办的团辅活动、参加学校的社团干部训练、把握三年级暑假的教学实习机会、选择英文为第二专长
威胁（T）： 应征夏令营的竞争对手多、老师和学校提供好的工作机会较少	**ST 策略：** 请教有经验的学长、 让自己的成绩进步	**WT 策略：** 与咨询师探讨加强自信心的方法、学习应征工作的面试技巧、各方面努力学习

思考活动

1. 除了本章介绍的就业市场趋势，你觉得目前还有什么样的趋势？
2. 周围的重要他人对于你的职业方向有什么期望吗？对你的影响是什么？如果他们中有人和你的期望不一致，你会怎么做呢？
3. 关于自己的职业选择和发展，你用过哪些网络资源？感觉如何？哪些网站或平台你会推荐给其他人？

第七章

强化咨询效果

咨询师在帮助来访者整合资源之后，有时不能急于制订计划和采取行动，而应该通过一个咨询效果的强化阶段，来巩固之前与来访者奠定的咨询成果，这样能使来访者的改变更为有效。如果咨询师太早让来访者制订计划或急于催促来访者行动，其结果反而是让来访者对改变产生犹豫，以致前功尽弃。即使勉强来访者制订计划或采取行动，也会使来访者认为这是咨询师一厢情愿，并非出于自己的主动意愿。出现这些情况的主要原因是，咨询师忽略了强化咨询效果的重要性和必要性。

阿蒙森等人（2005）指出咨询师过早催促来访者制订计划的做法，有时只是咨询师个人的主观经验和认定，而来访者并没有进入改变的轨道；有时则是咨询师因自己工作负荷量大，想赶紧结案而加快咨询步调，把来访者的权益抛到脑后。他们更认为无论咨询师的压力来自内在还是外在，这种急于求成的做法，其咨询效果的有限性是可以预期的，原因就是咨询师忽视了来访者的节奏，进展太快，把来访者落在后面。

因此，生涯咨询应配合来访者改变的步调。有些来访者虽然很清楚自己的问题，也做了资源探索和整合，但仍会有焦虑或担忧的情况，此时咨询师最需要做的就是强化咨询效果的工作。本章将介绍三个强化咨询效果的策略：指导做决定、协助制订目标、提升改变动机，作为咨询师增强来访者改变意愿和行为的参考。这三个策略不一定要一起使用，也没有前后顺序之分，咨询师可视来访者的具体情况运用其中的一些原则和方法。如果来访者已有肯定的选择、清楚的目标和强烈的改变动机，咨询师自然可以顺理成章地引导来访者进入制订计划和行动的阶段（见第八章）。

第一节　指导做决定

做决定不是一件容易的事，它是一个结合了直觉和理性的过程。在咨询过程中，咨询师帮助来访者做决定的策略也有多种方式，基本的原则是要来访者根据自己不同的生涯选择或方向，尽可能列出想到的考量因素来对自己的不同选择做比较。这种方式虽然可以引导来访者做较周详的思考，但是仍有不足。因为其中一个因素的比重可能会远远超过其他考量的因素，例如来访者可能在外地有一个很好的工作机会，但是他却不愿意搬家，这一点即是对他来说最具决定性的因素。

咨询师在指导来访者做决定的过程中会发现，与来访者讨论生涯选择或考量因素时，来访者的意愿和想法常常是主观的想象，而缺乏客观的信息。此时，咨询师需要鼓励来访者回过头去寻找并补充相关的资源，做更完整清楚的了解，否则做出的决定和选择可能有偏差或过于理想化。

生涯决策困难

对大多数人来说，成为理想的生涯决策者是很困难的，而任何达不到理想决策状态的人，都可以视为有生涯决策困难（Career Decision-making Difficulties）。加蒂和萨卡（Gati & Saka，2001）认为生涯决策困难是由于缺少生涯决策技能，或者生涯不成熟，或者是由于专业、职业、自我和工作世界不一致或不恰当的信息，从而不愿意、不能够做出生涯决策或缺乏做生涯决策的准备。

生涯决策困难是个体在进行生涯选择的过程中，决策时可能遇到的各种困难，包括决策前、决策过程中遇到的多种困难。

到目前为止，以加蒂、夸尔兹和奥西普（Gati，Kuarsz & Osipow，1996）依据生涯决策的效标，发展出的生涯决策模型最完整。他们提出的生涯决策困难分类基于以下三个层次。

- 第一个层次的划分是基于困难出现在决策过程开始之前，还是在决策过程中。
- 第二层次的划分是将决策开始前的困难归结为缺乏生涯决策的准备，将决策过程中的困难分为两种类型：由于缺乏信息和由于信息不一致而导致的困难。
- 第三层次是进一步将三大类困难再作细分，产生“十种困难”（其模型如图 7.1 所示）。

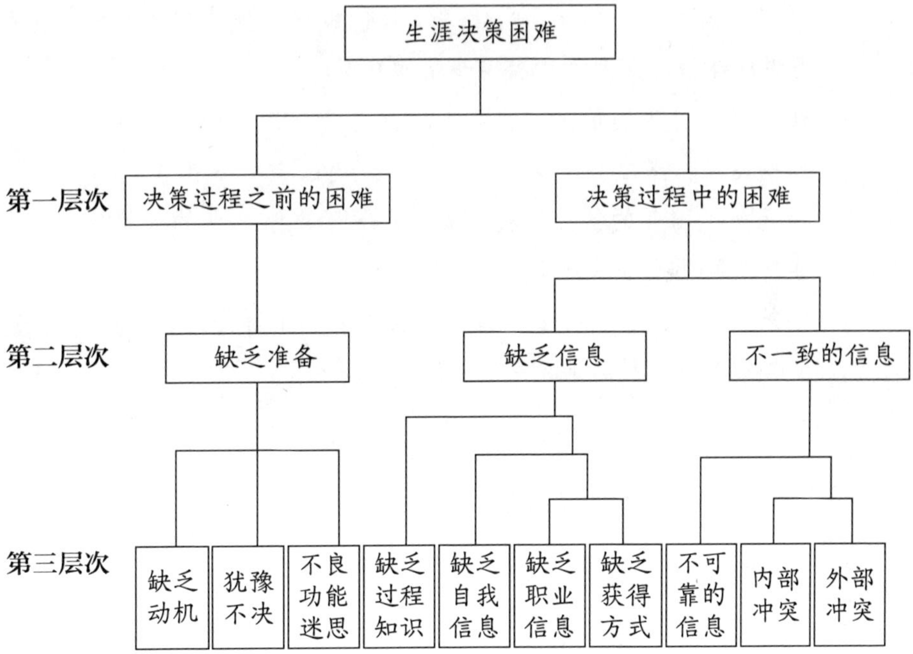

图 7.1　生涯决策困难原始模型

第一大类：缺乏准备

发生在生涯决策前期，包括三个困难。

1. 缺乏动机：决策者在决策之前缺乏决策的意愿，不愿意考虑并做出决策。
2. 犹豫不决：决策者对进行生涯决策这件事拿不定主意。
3. 不良功能迷思：决策者在生涯决策过程中有歪曲的认识、非理性的期望和不合理的想法。

第二大类：缺乏信息

发生在生涯决策中期，包括四个困难。

1. 缺乏决策过程的知识：缺乏关于如何做出合理决定的知识，特别是关于生涯决策过程中特定步骤的知识。
2. 缺乏关于自我的信息：决策者感觉对自身的了解不充分（如关于职业偏好、能力、兴趣等）。
3. 缺乏关于职业的信息：决策者缺乏关于现有职业的大量信息（存在哪些职业或每一种职业有哪些特点）。
4. 缺乏获得额外资讯方式的信息：决策者不了解如何获得更多信息，不知道怎样获得帮助以使决策过程更顺利。

第三大类：不一致的信息

发生在职业决策过程后期，包括三个决策困难。

1. 不可靠信息：决策者所了解的关于自身的情况，或正在考虑的职业的信息方面存在矛盾的地方。
2. 内部冲突：一种内部混乱状态，来源于决策者认为重要的因素之间存在矛盾。

3. 外部冲突：决策者的个人偏好与重要他人的偏好，或两个重要他人的观点之间存在差异。

随着加蒂等人编制的《生涯决策困难问卷》(*Career Decision-Making Difficulties Questionnaire*)问世（国内有多个翻译和修订版本），关于生涯决策困难的实证研究也随之增多。许多研究发现，性别、年龄、学历、所学专业、自我效能、父母期望、家庭功能、经济环境、社会文化等都是影响因素。由于生涯决策有其多样性和复杂性，因此对于生涯决策有困难的来访者，可参考上述决策困难的类型，先了解其困难的来源有哪些，帮助他厘清困难的原因并讨论解决的策略和方法。

决策平衡技术

指导来访者做决定的方法很多，在生涯咨询中最常见的一种方法是运用决策平衡技术，其目的是协助来访者做重大决定。咨询师通过与来访者讨论的过程，澄清、整理出来访者未来生涯可能的选择，让来访者有系统地分析每一个可能的选择，判断各个选择的利弊得失，然后做选择，并根据最优先的选择做计划或采取行动。

如果有些来访者的最优先选择是理想目标，那么他必须先花时间去完成近程、中程的目标后，才能达到理想的长程目标。例如某个来访者的理想是十年后成为自己创立的女性保养品公司经营者，经过与咨询师的讨论，他把近程目标设为：进入国际中高档品牌大公司工作五年，而中程目标则是在产品研发相关岗位工作五年。因此，咨询师此时应鼓励来访者从近程目标着手（关于制订目标见下一节）。

决策平衡技术的应用通常借助表格的方式进行，此类表格的样式很多，下面介绍两种常用的表格。较简单的表格为“双向细目表”，其中一个维度是与来访者讨论并列出自己所有可能的生涯选择，另一个维度则是协助来访者思考并列出做决定时考虑的因素，如工资收入、工作地点、稳定性、升迁机会、出差次数等。这些因素还可依顺序排列，然后根据重视程度按0—5给分。举例而言，来访者浩然目前有四个生涯选择，和咨询师讨论后列出考虑因素的排序，最后得到的总分可作为来访者做决定的参考。浩然的双向细目表的结果如表7.1。

表7.1 浩然的双向细目表

	生涯选择			
	自己创业	老师	社会工作者	私人公司秘书
考虑因素				
1. 挑战性	5	3	3	3
2. 自由度	4	2	2	2
3. 弹性工作时间	4	2	2	2
4. 发挥能力	3	2	2	3
5. 有趣味	3	1	0	2
6. 创造性	3	2	2	0
7. 金钱收入	3	2	2	3
8. 受尊重	4	3	3	2
9. 帮助他人	2	4	4	2
10. 旅行机会	4	2	3	2
总分	35	23	23	21

另一个较复杂的表格是决策平衡单，最早为詹尼斯和曼恩（Janis & Mann，1977）所设计，之后有多位学者修订成不同的版本，下面介绍其中一种版本，咨询师在使用时可视需要加以修改。

此决策平衡单的设计者设定了人们思考重大事件的四个主题。

1. 自我物质方面的得失。

2. 他人物质方面的得失。

3. 自我赞许与否。

4. 社会赞许与否。

金树人（1989）认为后两者的意思较笼统，建议改为自我精神方面的得失和他人精神方面的得失，构成“自我—他人”以及“物质—精神”组合的四个维度。下面根据其修改版本，以一段咨询师与来访者的对话为例说明其使用要领。

决策平衡范例

下面以第五章宇轩的案例来说明，让我们回忆一下宇轩的情形：大学四年级男生，生涯问题是自己即将毕业，但不知道应该如何做抉择。因为父母希望他回家乡找一份稳定的工作，好朋友则劝他留在城市里一起创业，而他的理想却是考研究生，将来走学术路线。

经过初步的生涯问题探索后，咨询继续。

咨询师：我了解你的这些烦恼，甚至焦虑的感觉，知道你毕业后面临着三种选择：回乡工作、留在城市创业以及考研。

宇　轩：嗯，我很难做决定，因为这三种选择各有利弊。

咨询师：这里有一份帮助你思考的表格，可以帮助你找出最佳的选择，你愿意做做看吗？（拿出空白的决策平衡单）

宇　轩：好的，试试看。

咨询师：首先，请你先写上目前的三个可能的选择。

宇　轩：嗯，选择一是回乡工作……（依序写出三个选择）

咨询师：然后，想一想表格上列出来的需要考虑的因素，如果你认为不是你会考虑的因素，可以跳过不写。

宇　轩：这些加号和减号是什么意思？

咨询师：加号表示正分，是指你认为的优势或有利因素。减号代表负分，是指你认为的劣势或不利因素。你可以在 +3 到 −3 之间给分，比如以第一个“个人收入”为例，选择回乡工作你会给多少分？

宇　轩：嗯，+2 吧！

咨询师：城市创业呢？

宇　轩：前期收入可能会少一些，我给 +1。

咨询师：考研呢？

宇　轩：研究生没有收入的，还要花钱，它应该是负分，-2 吧！我明白怎么写了。

咨询师：好极了，那就请你花一点时间考虑，并一一给分。别忘了，最后计算每个选择的总分时，正负分是要相加减的。

宇轩专心地填写决策平衡单……大约 20 分钟，他完成了决策平衡单，如表 7.2。

表 7.2　宇轩的决策平衡单

选择方案 / 考虑因素	选择 1 回乡工作		选择 2 城市创业		选择 3 考研	
	+	−	+	−	+	−
1. 个人物质方面得失						
◎个人收入	+2		+1			−2
◎健康状况	+2		+1		+2	
◎未来发展			+2		+3	
◎升迁状况						
2. 他人物质方面的得失						
◎家庭收入	+2		+1			−3

（续表）

考虑因素＼选择方案	选择 1 回乡工作		选择 2 城市创业		选择 3 考研	
	+	−	+	−	+	−
3. 个人精神方面的得失						
◎休闲时间	+2			−2	+2	
◎社交范围	+2		+2		+2	
◎生活变化	+1		+2		+1	
◎所学应用	+1		+1		+3	
◎满足进修动机					+3	
◎成就感			+1		+3	
◎改变生活形态						
◎高挑战性			+2		+2	
4. 他人精神方面的得失						
◎父母	+3			−1		−1
◎亲戚						
合　计	15	0	13	−3	21	−6
合　计	15		10		15	

咨询师：完成这张表格，你感觉如何？

宇　轩：它帮我找到了一个思考的线索，可是回乡工作和考研是一样的分数，怎么办？

咨询师：别急，这么多因素，你对它们的重视程度是不一样的，对吗？

宇　轩：是的。

咨询师：所以接下来我们可以对你考虑到的因素做一些权衡。这里还有另一个决策平衡单，请你对这些因素给出一个重视程度的比重分数，最高是 4，最低是 1。

宇　轩：你的意思是，我必须给这些因素打上1、2、3、4的比重分数？

咨询师：没错！

宇轩在考虑因素上一一写上比重分数。

咨询师：现在你把前一张表中的每一个分数乘上比重分数，最后再计算出每个选择的总分。

宇　轩：我知道了。

宇轩开始进行加权的决策平衡，大约10分钟后，完成的考虑比重后的平衡单如表7.3。

咨询师：很高兴看到你用心地完成了这些表格，现在你的想法是……

宇　轩：我觉得考研是最好的选择。

咨询师：从表格的结果来看是这样的，虽然考研在你和家庭的收入、父母的期望方面会减分，但在重视所学应用、满足进修动机、成就感、高挑战性等因素上获得的是高分。你还有什么想法吗？

表7.3　宇轩的加权决策平衡单

选择方案 / 考虑因素	选择1 回乡工作		选择2 城市创业		选择3 考研	
	+	−	+	−	+	−
1. 个人物质方面得失						
个人收入（×3）	+6		+3			−6
健康状况（×2）	+4		+2		+4	
未来发展（×2）			+4		+6	
升迁状况（×1）						

（续表）

考虑因素＼选择方案	选择 1 回乡工作		选择 2 城市创业		选择 3 考研	
	+	−	+	−	+	−
2. 他人物质方面的得失						
家庭收入（×2）	+4		+2			−6
3. 个人精神方面的得失						
休闲时间（×2）	+4			−4	+4	
社交范围（×3）	+3		+6		+6	
生活变化（×3）	+3		+6		+3	
所学应用（×3）	+3		+3		+9	
满足进修动机（×3）					+9	
成就感（×4）					+12	
改变生活形态（×3）						
高挑战性（×4）			+8		+8	
4. 他人精神方面的得失						
父母（×3）	+9			−3		−3
亲戚（×2）						
合　计	36	0	34	−7	61	−15
总　计	36		27		46	
优先顺序	2		3		1	

宇　轩：通过完成这份决策平衡单，我更加坚定了我的选择。其实我已经开始准备考研的功课了，只是最近心情比较乱，现在我可以定心好好准备了。

咨询师：好极了，为你的努力加油打气。我还关心一件事，你要怎么去跟父母和朋友说你的决定？

宇　轩：没事，我会好好与他们沟通，他们会理解和支持我的。

咨询师：那好！如果还有需要，欢迎你再来。

宇　轩：真的非常谢谢你，对我的帮助很大，再见！

上述范例是在来访者已经清楚了自己的就业方向，以及确定了相关考量因素的情形下做的决定，但是根据实际的咨询经验，在教导来访者做决定的过程中，咨询师经常会发现，来访者无论是在讨论生涯选择还是考量因素时，咨询师都需要花较长的时间与来访者讨论他的选择方案是否实际，短期目标是否可行。例如一名商科专业的本科四年级的学生，他选择的方案之一是当航空公司飞行员，这是他的梦想，希望毕业后去航空学校接受训练并通过考试，但是他说需要至少三到五年的工作来存够一笔上航空学校的学费和生活费，从现阶段的行业要求来看，这显然不太实际。

关于考量因素方面，有些来访者会一时难以评估自己和他人的物质或精神得失，甚至决定了评估分数又频频修改。因此在指导来访者做决定时，咨询师应该帮助来访者确认并理解各因素的具体所指，同时接纳来访者在做决定时的犹豫不决、匆忙草率等情形。此时，咨询师一定要在耐心澄清和引导后，再帮助来访者进入做决定的步骤。

第二节　协助制订目标

当咨询师与来访者准确地抓住问题的关键后，表示他们已经站在展望未来结果的很好位置，此刻正是制订目标的时机（Gerig，2007）。而目标正是协助来访者朝着结果前进的动力，也是指引未来正确行动的方向。洛克和莱瑟姆（Locke & Latham，1984）认为帮助来访者制订目标可以帮助他们赋能四个方面。

1．目标聚集来访者的注意和行动。

2．目标启动来访者的能量和努力。

3．目标激励来访者寻找达成目标的策略。

4．目标增加来访者的毅力。

在咨询中，来访者的目标常常会与计划相混淆，咨询师应该帮助来访者进行清楚而明确的区分。所谓目标是描述来访者想达成什么，而计划则说明来访者如何达成目标。关于如何根据目标来制订计划将在下一章介绍，我们先针对协助来访者寻找目标以及制订目标的原则加以说明。

寻找目标

来访者了解自己的问题所在之后，并不表示他清楚地知道要怎样做和朝哪个方向走，因为问题不等于目标。此时，咨询师必须协助来访者把问题转化为目标，咨询师需要协助来访者找到目标。贝托尔德和奥汉龙（Bertolino & O'Hanlon，2002）建议咨询师可以运用下面几个参考提问，引导来访者朝着正面的、目标导向的思考方向来寻找目标。

1．你怎么知道事情在往好的方向发展？
2．你怎么知道问题不再是问题？
3．有什么情形可以说明此次咨询是有帮助的？
4．你怎么知道何时不需要再来咨询？
5．什么样的情形显示你已经可以处理自己的问题了？

咨询师通过上述提问即可得到来访者的反应，并且可以很快地了解来访者想达到或改变的目标。然而，有些来访者的反应可能抽象笼统，咨询师则需进一步指导他了解关于制订目标的原则，进而协助他制订出有效的目标。制订有效目标不是一件容易的工作，咨询师需要有耐心地一步一步指导来访者了解其原则。

制订目标的原则

咨询师在指导来访者制订目标时，可遵循下面的五个原则，它是以五个英文单词的首字母组成的SMART原则，分别说明如下。

1. 具体的（Specific）。制订的目标必须清楚明确，不能是模糊不清的描述。例如，来访者的目标是“我希望到外资企业工作”，这样的描述即是模糊不清。此时，咨询师要指导他制订清楚明确的目标，例如：“毕业后进某某领域的外资企业工作，三年后担任业务主管的职位”。一些对于自己的生涯“不敢”或“不想”做决定的来访者，很可能制订模糊不清的目标，而其背后的原因大多是担心自己选了一条路，就要放弃其他可能性。事实上，每个人的生涯发展都是连续性的，不是现在做了一个决定，将来就不可能再改变。对生涯规划的决定只有优先顺序的不同，并没有所谓对错的区别。
2. 可测量的（Measurable）。制订的目标最好能以明确的数据单位来描述，例如每天早上练习英文听力30分钟、周末温习本周课程内容2小时、一星期内收集行业前十企业近三年相关的工作信息、招聘信息等。制订一个可测量的目标，既可以让来访者感受到自己在逐渐进步，也能为来访者积累成功经验和建立信心。此外，制订较长远的目标时，最好将之分成几个渐进达成的阶段或步骤，并且随时检视是否需要修正进度或方向。
3. 可达到的（Attainable）。制订的目标要在来访者能力可及的范围内，制订他可以逐步达成且有成就感的目标。咨询师要提醒来访者切勿将目标订得太高或太大，因为达不到目标对于来访者来说可能是更大的挫折。其次，咨询师也让来访者了解到自己的能力是有限制的，因为无论生理学或心理学的实验都证明了有些能力是先天的，是没有办法改变的。例如，某个来访者没有音乐天分，甚至五音不全，却一直想当歌手，这个目标对他而言就很难达到。因此目标需要是靠自己的能力和努力可以达成的，而非夸大不实或好高骛远的梦想。

4. 真实的（Realistic）。制订的目标要有真实的结果，而不是一个空泛的想法。例如，许多大学生的想法就是未来找到一个好工作，不仅过于抽象，而且对于想要的工作没有任何规划，他们的理想无异于缘木求鱼。因此，咨询师与来访者要讨论和制订的目标必须是有结果的目标。真实的目标也要让来访者了解，行动要从此刻开始，而不是推迟到下周、下个月或明年。例如今天去图书馆温习功课 2 小时、明天开始每天早上练习英语 30 分钟、这周末上网查找 5 篇重要文献等。
5. 有时间性的（Time）。制订的目标需要有预定达到的进度和完成的时间表，这样才能确认来访者要投入多少时间以及在什么时候完成。有些来访者的目标是立即的目标和近程的目标，咨询师可以帮助来访者在短期内达成，以期获得成功的经验。从宏观的角度来看，咨询师甚至要帮助来访者思考在自己的人生中要完成的目标，制订中程的目标和远程的目标。一个合理的时间表不仅能帮助来访者建立信心，而且能学会做好时间管理。

协助制订目标的范例

根据上述制订目标的原则，我们以一个感到生命没有意义的来访者为例，说明这些原则的运用。下面是咨询师与来访者的一段对话，其中运用了一些前几章提到的咨询技巧。

来访者：我不知道自己活在这个世上的意义是什么？

咨询师：听起来，你关心的是自己生命的意义，是吗？

来访者：对！就是生命的意义。

咨询师：你所谓的生命意义是什么？（澄清）

来访者：嗯……怎么说呢？很难一下子说明白。

咨询师：不着急，我们可以慢慢来。你觉得，什么样的情形会让你感到生命有意义？（引导，寻找目标）

来访者：有清楚的人生方向，而且过得很快乐。

咨询师：清楚的人生方向？你的意思是……（澄清）

来访者：哦，就是知道自己将来要干什么，而且无怨无悔地干下去。

咨询师：那么，过得快乐呢？

来访者：在工作中享受快乐。不需要赚很多钱，但至少生活无忧。最重要的是自己有兴趣，做起来有成就感。

咨询师：有成就感是什么样的情形呢？（具体化）

来访者：发挥自己的能力，去创造与别人不同的事物。

咨询师：比如像艺术家那样的创作？

来访者：嗯，还有像发明一件新东西、设计一个新产品、想到有创意的点子之类的。

咨询师：所以你眼中的生命意义，是找到自己有兴趣、有创造性的工作目标，然后坚持朝着选定的方向努力……可以这样说吗？（摘要）

来访者：对，不只是工作，而且是一辈子的事业。

咨询师：我很欣赏你的理想，你目前学的专业是什么？

来访者：工业设计。

咨询师：我对你的专业了解有限，能跟我聊聊你的专业吗？

来访者：我们专业的主干学科是机械工程和艺术学，毕业的学位分为工程和文学学士两类。我是工程这一类，有些学科是两类学生都要学的。

咨询师：你对这类专业有兴趣吗？

来访者：当初是我自己选择的专业，学了两年多觉得还行，还是感兴趣的。

咨询师：除了有兴趣，你的学习如何？

来访者：我的力学、电工学和机械工程的成绩都不错，也觉得自己有这方面的能力。还有一些比如工程材料、人机工程学的学科还没学，我对艺术类学科也有兴趣。

咨询师：让我们回到你的理想，你认为在自己现在所学的专业上，要怎么发挥自己的能力，去创造与别人不同的事物？

来访者：我上课听老师说，我们这个专业很重视创造力，一些毕业的学长自主研发了不少新的工业产品。

咨询师：哦，那以你的了解，这些学长是在毕业后多久取得了这些成绩呢？

来访者：当然刚开始都是在基层工作，至少需要三五年吧，甚至更长时间的磨炼。在过程中得不断地向前辈学习，不断地实践积累。（如果有必要，引导来访者多加说明或收集相关信息）

咨询师：从你刚开始谈生命的意义到现在，你的人生方向似乎越来越清楚了。下一步我们需要制订一个有效的目标。

来访者：要怎么制订呢？

咨询师：一般来说，制订有效的目标要具体化、有时间表，而且是可以真正做到的，能一步一步达成，最好也能用一些数据来表示。（如果有必要，应进一步说明 SMART 原则）

来访者：那我要怎么做呢？

咨询师：我们先把你的理想设为长程目标，也就是有清楚的人生方向，而且过得很快乐。为了实现这些理想，我想，你还要制订近程和中程目标，近程目标通常是一两年可达到的，而中程目标则是三五年可达到的。你先来想想近程目标是什么？

来访者：嗯，毕业前把基础学科学好，还有学好一些有创造性的学科。

咨询师：比如说……

来访者：视觉传达设计、造型设计、环境设计。

咨询师：好，所以近程的目标是学好基础学科和有创造性的学科。
来访者：我觉得光是这样还不够。
咨询师：哦？怎么说？
来访者：想要创造与别人不同的事物，光是学好这些学科不够，我和同学学的科目大同小异啊，我想提升自己的创造力。
咨询师：你想过什么方法呢？
来访者：我知道图书馆有一些发挥创造力、创造心理学、创意设计之类的书籍，我可以去借来看。
咨询师：还有其他的方法或资源吗？
来访者：我可以上网去找相关的资料和培训的信息，去展会看看其他人的设计也是好的。

咨询师：能不能给自己定个时间表？
来访者：嗯……我想这学期里找几本书看看，找机会参加创造力培训课程。
咨询师：能再具体一点吗？比如估算一下完成这些需要的时间？
来访者：学期结束前看完两本关于创造力方法的书，这个暑假参加一个创造力培训课程，下半年有个展会，时间允许的话可以过去看看。
咨询师：好极了，你已经有了立即可做的目标了。那大四以后呢？
来访者：我每学期仍然可以读两本关于创造力的书，在实习课中认真学习，多向老师和学长请教，尤其是一些在工作中实际应用的情形。（如果有必要，可继续深入探讨来访者的想法）

咨询师：很好，近程目标也有了。接着，我想了解你毕业后的目标是什么？

来访者：毕业后找一个可以发挥自己能力的工作，再之后能推出自己创造的产品。

咨询师：所以，找一个可以发挥能力的工作是你的中程目标，而且有自己创造的产品。除此之外，想想看还需要考虑什么？

来访者：肯定是需要时间去学习和磨炼的，而且可能会遇到不少困难。

咨询师：你认为需要多久的时间去学习和磨炼？估计会遇到怎样的困难？

来访者：五年吧，在基层工作中努力学习。我还不清楚会有什么困难，也许刚开始的工作可能不会那么顺利。

咨询师：那你会怎样克服这些困难？

来访者：忍一下啦，要有毅力，要坚持自己的信念。

咨询师：你认为自己做得到吗？

来访者：我有信心，我是农家子弟出身，能吃苦，而且我会时常提醒自己，要实现理想就必须如此。

咨询师：那怎样才有机会创造出和别人不同的产品呢？

来访者：我相信只要努力工作，找机会发挥自己的创意，是可以得到领导的赏识和表现机会的。

咨询师：所以你的中程目标是什么？

来访者：毕业后找到一个符合自己专业的工作，在五年内努力工作和学习。

咨询师：再加上寻找机会发挥创意，做出新的设计产品，如何？

来访者：对！这就是中程目标。

咨询师：你现在准备怎么开始？

来访者：从近程目标开始，毕业前尽力充实自己。

咨询师：好极了！鼓励你朝着目标前进，祝你成功。

第三节　提升改变动机

如前所述的协助来访者制订目标是一个理性的过程，固然有其优点，但也有缺点。例如，咨询师与来访者双方在制订目标时都很理性，甚至过度理性（Egan，1998），但容易忽略来访者自身的感性因素。一些来访者在经过理性的讨论后有了清楚的目标，却因感性因素而停滞不前或打退堂鼓，也并不奇怪。因此，咨询师必须敏锐地觉察和了解来访者内心的情感或情绪，运用一些有效策略来提升他的改变动机。

改变的焦虑

大多数的来访者都害怕改变，因为改变不仅让他不能再依赖过去一些旧有的惯性行为或熟悉的资源，而且要面对未来许多不确定的挑战。对于来访者而言，改变是需要冒险的，因为谁都不可能预测改变后会发生什么事。因此，他们认为维持过去的行为较容易也较安心，而改变却要付出代价，甚至带来失落感。

当然，如果不改变现状，会造成来访者的困扰、不快乐或者痛苦。然而，来访者若做出改变，仍可能面对新的、未知的困扰，也会带来不快乐或痛苦。内森和希尔（Nathan & Hill，1992）指出，来访者的担忧可能是自己的选择不符合重要他人的期望、过去遭到拒绝而害怕求职的竞争、害怕自己的计划无效等。而伊根（Egan，1998）认为来访者对改变的信心不足，其原因有怀疑成功的可能性、不敢负起责任、要付出代价（如心力、时间）、毅力不足等。

提升改变动机的策略

根据一些学者的建议，综合整理 10 个提升改变动机的策略，咨询师可视来访者的情况弹性运用（Gysbers & Moore，1987；Nathan & Hill，1992；

Egan，1998；Amundson，Harris-Bowlsbey & Niles，2005）。

1. 持续增进咨询关系。在咨询的过程中，咨询师需要不断地增进与来访者的良好合作关系。尤其是来访者对自我改变的信心不足时，更需要咨询师持续地给他坚定的鼓励和支持，让来访者感觉咨询师是跟他站在一起的。咨询师与来访者的同盟关系越融洽，来访者的改变动机就越强。
2. 共情和接纳焦虑的情绪。咨询师如果觉察到来访者面对改变所产生的焦虑情绪，应先共情和接纳来访者这种情绪是正常的反应，然后引导来访者表达情绪背后的想法，例如："我了解要做出改变，任何人都会有些担忧，你的担忧是……""看得出要你立即下定决心，似乎有点困难，愿不愿意先谈谈你的想法？""你好像有些犹豫，是不是担心父母反对？"通过咨询师的引导，来访者的焦虑情绪可以获得疏解或消除。
3. 鼓励积极的态度。虽然未来的结果确实存在许多的不确定性，咨询师也可以帮助来访者了解不确定也有其正面意义，鼓励其以积极乐观的态度开始做生涯发展的准备，如：减轻焦虑情绪、理性分析需求和目标、把握当下的学习、掌握部分可使用的资源等。
4. 排除改变的障碍：如果来访者在迈向改变的路上的一些障碍不排除，改变的效果往往事倍功半，甚至容易使来访者丧失信心，以致原先咨询的进展半途而废。影响改变的障碍有：适应不良的信念、无法决定的优先选择、不清楚的价值观、错误的信息、不足的资源、亲友的反对等。因此，咨询师在来访者踏上改变之路前，要与他讨论必然或可能碰到的困难，以及应对和解决的方法。
5. 强调改变的诱因。诚如前述，改变和不改变都可能给人带来不适或痛苦。咨询师需引导来访者比较改变和不改变的利弊得失。当来访者发现改变后带来的好处或利益胜过不改变，他就会产生改变的动力，如让他觉察到改变可以使自己的心情稳定、精神愉悦、满足成就、实现理想等，他更会坚定信心而乐于改变。

6. 重视小改变。有些来访者会期望自己有大的改变，这固然是多数人正常的心态，但是很容易带来欲速而不达的挫折。咨询师要不断地提醒来访者从小改变开始，鼓励他从立即可达到的目标开始着手。只要来访者愿意开始行动，任何一个小改变都会带动另一个小改变，接着是持续的小改变，一连串小改变之后，最后积累的成果会胜过一个大改变。此外，咨询师也可以建议来访者在达到目标后，给自己一些精神或物质的奖励，如自我表扬、吃大餐、看电影等来访者喜欢的庆祝方式。
7. 寻求重要他人的支持。除了上述建议来访者自我鼓励外，咨询师可与他讨论周围有哪些值得信任的重要他人，如父母、老师、亲友或同学，之后与来访者讨论如何寻求重要他人的同意作为自我改变的见证，并且乐意在来访者有任何进步或改变时给予鼓励和支持。
8. 想象改变的情景。这是类似咨询中运用的“引导式想象”的活动，咨询师首先指导来访者闭上眼睛做简短的放松活动，如身体舒展、四肢放松、深呼吸等。然后，引导来访者想象自己从改变开始、改变过程中到改变结束可能发生的情况，以及自己的感觉和别人的反应。咨询师的引导要以较慢的声调和段落停顿的方式进行，例如：“你觉得很放松，想象自己正在图书馆里查找写报告的资料……找到了有用的材料……然后……”“想象你正与父母讨论自己的决定……他们的反对让你感到有点生气……深呼吸……提醒自己要稳定情绪……心平气和地跟他们沟通……他们的反应是……”
9. 鼓励正面的自我对话。一些来访者内在的负面想法会似有似无地萦绕在心头，例如：这对我太难了、我做不到、不可能改变的、不会成功的、再努力也没有用的、别人不会同意的等。类似这些自我挫败的对话，常常使来访者还未开始改变就先败下阵来。咨询师可教导来访者写出负面对话，然后针对一个个的负面对话，与他讨论如何转为相对应的正面对话，并且练习经常在心底重复这些正面对话。详细的正面对话运用，可阅读第六章反思生涯信念的部分。

10. 共同参与改变计划。来访者对改变缺乏动机或动机不强，通常是他并没有投入咨询当中。如果来访者没有参与感，往往会失去坚持到底的动力。因此，咨询师需要随时留意来访者是否投入咨询过程中，不断地肯定他所做的努力，让他对自己的改变有一种拥有感，进而愿意为自己的改变负起责任。

思考活动

1. 参照“生涯决策平衡单”，找一张白纸写出自己三个（或以上）生涯选择方向。思考过后，分别写下四大考虑因素：个人物质得失、他人物质得失、个人精神得失、他人精神得失的内容并给分。在四大因素下，可视个人想法增减其下的项目，并计算结果。
2. 选择一个自己近期的目标，根据制订目标的 SMART 原则写出具体的内容。
3. 你有改变的焦虑吗？焦虑的内容有哪些？参考提升改变动机策略，选出几个可以帮助你改变的策略，结合自身经验谈谈你最常用的策略。

第八章

行动计划、评估与结案

在确定生涯目标之后，行动便成了关键环节。当来访者有了具体达成的目标，紧接着咨询师要鼓励他思考达成目标所需要采取的步骤，并且把这些步骤整合为行动计划。行动计划意味着计划一定要有实际行动的执行，不能只是纸上谈兵，更不能光说不练。行动计划通常分为短程计划和长程计划。对大多数来访者而言，最好拟定一个或数个分阶段可完成的短程计划，逐步达成长程计划。此时来访者踏出的每一步都是创造下一步的动力，之后才能积累每一步行动的成果直至完成目标。

行动计划一旦展开，评估的机制也随即启动。对生涯咨询而言，咨询师运用适当的评估很重要，它能够使咨询师厘清来访者问题的本质，思考可能的咨询策略和介入方法，帮助来访者清楚地了解目标与行动计划的关系、行动计划的进展情形、目标的方向是否正确或需要修改，以及持续鼓励来访者，对其改变给予积极的反馈。

而当来访者的问题得到了大部分的解决，或者朝向目标的行动有了显著的改变时，咨询就将进入结案阶段。跟咨询关系的建立一样，咨询关系的结束常常令许多咨询师感到不易掌握和难以处理。除了评估来访者是否需要继续咨询外，与来访者道别也是咨询师较难处理的情感性议题。

第一节　行动计划

咨询师与来访者讨论和制订的行动计划要有周详的思考，否则容易有失败的风险。最常见的失败原因是有些来访者为了取悦咨询师，或想说服自己和重要他人，轻率地拟订行动计划，结果自然徒劳无功。因此，咨询师需要有耐性地与来访者仔细讨论每一个行动的步骤，共同制订妥善的行动计划。

行动计划的制订

发展行动计划要注意具体可行的目标，吉斯伯斯、哈普纳及约翰斯顿（Gysbers，Heppner & Johnston，2003）建议，行动计划的目标必须符合每个来访者的独特情况，而且要让来访者觉得是合理可行的计划。咨询师在协助来访者制订行动计划时，也要随时留意专业规范、社会政策和就业市场等因素，因为这些因素及其变动极可能与来访者的计划息息相关。

内森和希尔（Nathan & Hill，1992）认为要使行动计划成功，必须考虑以下五个指标。

1. 思考清楚具体的目标。
2. 让来访者觉得是自己在主导行动计划。
3. 行动计划内容要有弹性，可以定期检视和修改。
4. 设定足够的改变时间。
5. 不能达到预期时的应对方法。

咨询师与来访者讨论行动计划时，切勿以批判的态度质问，而是以温和的提问帮助来访者厘清每个步骤的细节，因为计划失败常是因为忽略了一些小环节。例如，来访者要申请国外的大学，计划应包括每一个步骤：何时下载申请表、学校申请截止的时间、何时完成申请表填写、何时邮寄申请表和相关资料等。

行动计划中另一个需要留意的是考虑哪些人需要纳入计划里，如写推荐信的人、提供信息的单位等，因此需要思考并列出这些资源。行动计划必须以白纸黑字写下来，一方面让来访者对行动做出承诺，一方面有一个清楚的行动蓝图。通常，会准备两份行动计划的副本，一份给来访者作为提醒的工作蓝图，另一份留给咨询师在支持和见证时使用。

一般而言，制订行动计划有几个原则，下面分别举例说明。

1. 以正面和具体的文字描述目标，例如：建立规律的生活作息、与父母有良好的交流等。尽量避免用否定的语句，例如：不再拖延、不与父母争吵等。
2. 把想到的行动步骤都一一列出，先不考虑步骤的先后顺序，例如：每天温习功课 2 小时、晚上 10 点前就寝、每天早晨 6 点起床等。
3. 将上述行动步骤，以 1、2、3……标出先后顺序。
4. 预定每个步骤完成的时间进度，例如：3 天、1 周、4~10 天等。
5. 列出每个步骤需要的资源，包括人、事、物，例如请教毕业学长、去图书馆找参考书、上网查资讯等。
6. 拟定何时、如何评估进展，例如：6 个月后考证、5 月 31 日前完成学期报告等。
7. 来访者签下自己的姓名和制订计划的日期。
8. 请咨询师或重要他人（如父母、同学等）签署作为见证。

根据上述原则，举两个行动方案的范例供参考，咨询师可依实际状况修改为自己适用的叙述方式和格式。

行动计划　范例一

______________的行动计划

一、具体目标：

二、目标达成的时间：

三、行动步骤：

顺序	步骤内容	时间进度	所需资源

四、评估时间和方式：

立约人：　　　　日期：　　　　见证人：

行动计划　范例二

我，____________，为达成自己的生涯目标____________，承诺做到以下步骤：

1. ____
   ____
2. ____
   ____
3. ____
   ____
4. ____
   ____
5. ____
   ____
6. ____
   ____

计划执行人：　　　　　　　日期：　　　　　　　见证人：

行动计划何以失败

不少人进行一个新的或困难的工作时，经常以还没准备好或时机不对为借口来推迟行动，而推迟行动的结果往往是始终没有行动。这种情形也常见于生涯咨询的来访者身上，如来访者会说："我下周起每天读书 2 小时""等我忙完，就开始运动""我先想一想，想好以后再和父母好好交流"等。如果发生这种推迟行动的情形，咨询师应以温和坚定的语气面质来访者推托的态度，并且强调想要改变最好立即展开行动。

举例而言，一个对自己的懒散感到内疚的来访者在学期末前来咨询，所制订的行动计划目标是改变每天花太多时间在电脑前的习惯，咨询师鼓励他以正面具体的目标叙述，他做了下学期开始每天至少读书 2 小时以上的承诺，咨询师以非批判、真诚、共情的态度提醒他："我知道突然做大改变很不容易，何不从现在就开始做一点小改变？比如每周一、三、五晚上读书 2 小时，就从今天开始如何？"来访者回应说："可是……我一坐在电脑前就没法停止。"咨询师鼓励他："我的建议是，那三个晚上回到宿舍不打开电脑，会让你不受诱惑而定下心来看书，不妨从今晚就开始行动。"来访者制订的行动计划得到了同寝室同学的见证和支持，来访者积极地养成了读书的习惯，不再为懒散拖延而内疚了。

对来访者而言，执行行动计划是一个新的学习机会，需要咨询师从旁持续鼓励和支持。追踪是咨询常运用的技巧之一，在咨询过程中询问上次咨询后的实践结果，或者与来访者约定固定时间和方式（如定期发邮件）汇报计划的进行情况。

另一个有效的技巧是，帮助来访者把目标或行动计划分成一个一个较小的阶段或工作流程，如果有必要再补充一些小的行动步骤，使行动计划更具体易行，以逐步建立来访者的自信，培养来访者的一些实践技巧。

此外，行动计划失败的原因也可能来自咨询师，即来访者制订的行动计划或目标只是出于咨询师的构想，而非源自来访者的本意，这使得来访者不认为是自己在主导计划。计划做得再好，来访者没有真心诚意地积极参与，所做的一切努力都是徒劳的。因此，咨询师特别要观察来访者，尤其要注意来访者的身体语言，例如来访者口头上虽然答应，但是脸色有些迟疑、敷衍或勉强，咨询师应先针对他语言和表情的不一致加以澄清和了解，然后鼓励来访者负起责任来主导自己的行动计划。

行动计划的修正

在来访者实践行动计划的过程中，咨询师扮演着观察和记录的角色，来访者如果有新的觉察或信息出现，咨询师立即要与来访者深入探讨新的觉察或信息带来的意义，因为它们可能带来新的想法和做法，进而为行动计划提供修正的方向。

举例而言，一个成绩优秀的来访者根据行动计划申请到一所外国大学的奖学金，但是他对最后一关的面试感到很焦虑。

咨询师：从你的表情可以看出你的担心，能说一说你的担心是……

来访者：我其他方面都没问题，只是担心面试时会表现不好，通不过面试。

咨询师：你是担心自己的英文沟通能力，还是别的？

来访者：我的英文沟通能力还好，只是面对考官时会紧张，说话会越来越不流利，甚至可能脑子一片空白答不出话来。

咨询师：你过去有这种经验吗?

来访者：嗯，我考高中时的面试就是这样。

咨询师：所以，想起以前的经验，你就会担心?

来访者：因为那次的失败经验让我没能上重点高中。

咨询师：这种担忧的情绪背后，你有怎么样的想法呢?

来访者：我很想到国外大学读研，可是我很怕面试万一表现不好，再一次面临失败……

咨询师：听起来你在面试回答考官问题时，内心会有两个声音，一个是我很想得到这个好机会，另一个是我很可能表现不好，是吗?

来访者：是的，我一直担心考官会因为我的表现不录取我。

咨询师：除了刚才你说过的考高中时的面试之外，你还有其他的经验吗?

来访者：有次专业课上台做报告，刚开始也是如此，后来表现还好，就是面试让我很害怕。

咨询师：看样子你可能需要更多的面试经验，让你建立信心，你觉得呢?

来访者：是的，可是没有这样的机会。

咨询师：我们可以用模拟面试的方式来增加信心和经验，下次会谈时我来扮演考官，做一次练习如何?

来访者：好极了，我好希望自己能顺利通过面试。

第二次咨询时，咨询师与来访者进行了一次面试的角色扮演，咨询的重点不仅是模拟面试的行为演练，咨询师还运用澄清技巧来帮助来访者改变对失败的过度担心。令人意外是，来访者在与咨询师模拟面试后，又找同学帮忙做了两次模拟练习，最后他顺利通过面试，如愿以偿地出国进修了。

有的来访者制订一个行动计划后，咨询师要帮助他拟订其他的备选计划，一方面让来访者了解达成生涯目标不只有一条路而已，另一方面由于生涯发展中有许多的不确定，因此让来访者拥有备选计划是一种明智审慎的做法。而有的来访者的问题涉及长程的生涯发展，来访者在咨询初期谈到的问题也可能不止一个，最初的行动计划只是长程生涯发展的第一站，来访者需要有其他的后续计划一步步达成生涯目标。后续计划的内容可能是进一步的自我探索、运用资源和行动。

第二节　咨询评估

评估是生涯咨询过程中的一部分，其本身也具有咨询的功能。当咨询师将评估结果反馈给来访者，他可以借此增进自我了解，并促进正面的改变。在评估主题的选择和评估结果的解释上，都必须邀请来访者成为共同合作者。倘若从来访者那里得到正面的反馈，可作为获取他人支持生涯咨询活动的依据。即便来访者的反馈是负面的，也可借此修正行动计划或咨询策略，让咨询的方向更符合来访者的需要。

评估的原则

与一般心理咨询比较，生涯咨询通常都是较短程的咨询，因此在有限的时间内，评估的有效性显得更为重要，咨询师从咨询的初期就必须将评估的概念谨记于心，并且在咨询的过程中随时运用各种评估方法，以检视来访者的改变和进展情形。

有些生涯咨询师会在咨询关系尚未建立前，对来访者说明评估的安排，比如咨询师会对来访者说："我们预定进行十次谈话，到第三次谈话时我们会讨论效果如何。如果有效果，我们就继续下去；如果没有效果，我们讨论是否有其他更有效的方法，或者你也可以停止咨询。这样的安排，你觉得如何？"

一些人听到评估可能感觉有压力，觉得有威胁性或者评价性，但在生涯咨询中这种感觉比较少，因为咨询师是以真诚和共情的态度与来访者讨论其行动计划的朝向目标和实施方法，并且鼓励来访者主导自己的行动计划，对此负起责任。

评估的方法

为了保证和确定生涯咨询的评估是行之有效的，咨询师必须运用评估的方法证实来访者的问题或困扰确实得到解决或减少，同时应该和来访者讨论他们如何知道自己的问题已经得到解决。

咨询师在对来访者进行评估之后，还应将这些评估资料进行量化或质性分析。一般来说，大部分的测验和量表都可进行量化分析，然而生涯咨询中有些测评工具和活动很难以量化来分析，例如之前介绍过的生涯图、职业组合卡、人格特质检核表等测评工具，以及像喜欢的生活方式、工作价值观等活动，则只能进行质性分析，把来访者的反应做文字描述或归类。

阿蒙森等人（2005）指出，评估是生涯咨询师与来访者根据来访者的目标，以实证、意见和行为的资料来比较来访者的进展情形。

实证的评估资料是指以测评工具做咨询前和咨询后的比较，例如："我们把你之前填写的生涯决定量表和今天填写的进行比较，你的生涯未确定分数减少了 10 分，这表示你对生涯选择变得更确定，你觉得呢？"

意见的评估资料是指咨询师和来访者在咨询过程中的知觉，例如，咨询师表达自己的感觉："我看到你很努力地增进自我的了解，你现在对自己重视的价值观有了较清楚的认知，你觉得呢？"

行为的评估资料是指实际可以观察到的来访者的行为，如完成自传或履历表、访问重要他人收集到的信息、具体的三个月行动计划、计划进行中的步骤等。例如，咨询师说："到目前为止，你已面谈了两个实习单位。我们的计划是一个月内面谈五个实习单位，之后我们再来考虑和比较这些单位的优缺点，选择一个最适合你的实习单位。"

内森和希尔（1992）指出，生涯咨询的评估是一个复杂的过程，其成效不容易量化，因为生涯咨询的效果可能是外在的改变，如找到新工作；也可能是内在的改变，如信心增加。举例而言，一个来访者虽然还未找到理想的工作，但他认为生涯咨询是有效的，因为在咨询过程中他了解了自己的优点和不足，而且变得更有自信。当然，有些来访者的改变不完全是咨询的成效，还包含其他因素，如社会、经济或未预料到的事件等。虽然如此，内森和希尔相信生涯咨询的成功不在于帮助来访者到达一个目的地，而是让来访者的生命旅程持续向前。

内森和希尔（1992）认为生涯咨询的成效主要还是依靠咨询师诚实的自我评估，评估的途径有以下几种。

1. 以自己的实际反应，回顾来访者的记录和考虑来访者的评估反馈。
2. 得到同事的协助，以及非正式的小组讨论或团体督导。
3. 得到服务单位主管的协助。
4. 得到外来督导师的协助。
5. 课程学习和专业研讨会。

在咨询的过程中，咨询师尝试运用下面这些问题将有助于自我评估。

1. 我为来访者提供了追求生涯咨询旅程最好的条件吗？
2. 我避免用劝告的方式而容许来访者选择自己的生涯方向吗？
3. 我是否站在来访者的角度，考虑他个人的情况和需要？
4. 我是否避免对来访者产生刻板印象，不受他的种族、性别、社会、文化、年龄、性取向等因素的影响？
5.（如果使用测评工具）我提供的反馈是使用正面的测评信息吗？
6.（如果使用家庭作业）我以最有帮助的方式为来访者提供了最适当的作业吗？
7. 我的情绪被激起了吗？这些情绪的来源是什么？
8. 我对此次咨询感到满意吗？
9. 我此次的咨询有什么不同吗？
10. 我从来访者身上学到什么？

此外，内森和希尔也认为虽然来访者的评估是信息来源之一，但是咨询师的自我评估过程不能只依赖这些来源。因为来访者的反馈无可避免地有主观性，如果他们有进步，会给生涯咨询正面的评估，反之，他们会把不好的感觉投射到生涯咨询上。因此，如何让来访者感觉评估是一个积极的经验很重要，评估生涯咨询要从他所得到的帮助来澄清和强化自己的收获，进而让动力持续。

由于生涯咨询是来访者的一个持续改变的过程，因此有时较难看到即刻的成效。内森和希尔除了建议咨询师使用下面的评估表让来访者在最后一次面谈时填写外，也认为咨询师应给来访者一个咨询的摘要报告，包括对他的进展情形的反馈，这对来访者的持续成长也是一个很好的鼓励。

来访者评估表

一、你对生涯咨询的期望是什么？

二、这些期望达到的程度如何？

三、你从生涯咨询中得到了什么收获？

四、你还希望有什么收获？

五、你会推荐别人来咨询吗？

六、根据你在生涯咨询中的改变，请在下面的叙述中勾选同意的句子：

□ 对自己感觉更有信心
□ 了解自己的优点和缺点
□ 能比较清楚地思考自己想从工作中得到什么
□ 能对未来计划做决定
□ 缩小自己的职业选择范围
□ 获得可能从事的工作信息

咨询目标的改变

评估来访者的进展的另一个重要理由是，由于咨询的介入，致使来访者的目标有了改变。咨询师在咨询过程中所做的一些评估都是暂时的结果，当有其他可供参考的信息时，应该随时与来访者讨论咨询目标是否需要改变。例如，来访者在咨询初期的问题是对未来工作的担忧，但在做生涯决策平衡单时，咨询师发现他考虑的重要因素不是与工作有关的能力或兴趣问题，而是他父亲的期望。因此，咨询师应与来访者讨论是否需要改变咨询目标，重点可能是与父亲的沟通。咨询师可以将自己的觉察表达出来："我注意到你做生涯决定时一直顾虑父亲的想法，你认为我们是否先讨论这个问题？"

生涯目标的改变也可能有其他的原因，例如来访者原先对自己所读的专业没有兴趣而考虑休学，经过咨询师的评估后，发现来访者缺乏兴趣主要来自对某个专业授课老师的不满，而非对所学专业真的没兴趣。这时，建议咨询的目标调整为如何减少对该专业课程教师的不满，如尝试容忍、排解不愉快情绪、避免不及格、自修学习等。

正因为来访者的生涯目标随时可能改变，更显出评估的重要性。虽然与来访者制订咨询目标最好在咨询的初期，但是咨询师仍应以弹性开放的态度接纳来访者目标的改变，因为来访者的需求是最重要的，咨询师在咨询全程中应把这个前提谨记在心。

第三节　咨询结案

天下没有不散的宴席，咨询关系总有结束的时刻。咨询师是陪伴来访者度过生命中的一段旅程的同伴，不需要也不可能一直跟随来访者走完整个生命历程。因此，生涯咨询的结案是一个重要的咨询阶段，咨询师必须敏锐地判断结案的时机，以及处理咨询关系结束时可能发生的一些情绪问题。

更重要的是，咨询师应有效地掌握咨询结案阶段，让来访者在此阶段拥有正面的感觉，肯定咨询得到的收获，并且有信心和能力面对未来。如此的咨询结案，才能为一段咨询关系画下美好的句号。

结案评估

咨询师评估生涯咨询是否结案有一些根据，较为明显的情况是来访者达到了自己的目标，例如来访者有清楚的生涯方向和行动、能解决具体问题、完成行动计划、有效面对新环境等。然而，有些情况并非如此理想，例如来访者因为目前经济或家庭责任等限制不能立即采取行动，只能等这些限制不存在以后再进行计划。此时，咨询师的主要工作是帮助来访者回顾进展和支持他的决定。

有时，生涯咨询不是自然地结束，例如由于咨询机构的次数限制必须结案，咨询师应与来访者讨论其他的协助资源，让来访者可以继续探索他的生涯发展。有时，来访者的问题超出了咨询师的能力，如精神疾病、经济困难等问题，必须转介至其他专业医疗或社会福利机构，让来访者得到更有效的帮助。

结案的情绪处理

结案不仅代表咨询的成果，也象征咨询关系的结束，可能带给来访者一种复杂的情绪，包括生气、难过、兴奋、希望、失望等。咨询师要让来访者有抒发这些情绪的过程，这是真诚地面对和处理自己情绪的机会，进而鼓励来访者学习自我独立。

对来访者而言，结案不能是一个突如其来的意外。关于何时结束咨询，咨询师要让来访者有心理准备。最好预先告知，特别是咨询机构如有次数规定，在咨询初期就必须说明，如面谈的次数和时间等。有些学者建议最好在咨询过程中预告咨询结束的信息，用计数的方式减少来访者对结案的疑虑，如告知来访者："这次是我们第三次谈话""下周将是我们最后一次咨询”“我们还有两次会谈”等。

除了告知咨询的次数外，另一个常用的有效方法是，把最后一两次咨询的间隔时间拉长，比如由之前一周面谈一次改为两周一次，如此可以帮助来访者减少情感的依赖，并增强自我掌控的能力。

咨询关系的结束，并不表示来访者日后有需要时不能再来，咨询师可以一方面肯定来访者的成长，一方面表达未来再来咨询的可能性，例如：“我们的谈话到今天结束，这些日子以来，你的努力让自己有了很大的改变。以后如果需要帮助，仍然可以来预约咨询。”

在大多数人的生命经验中，“结束”会导致一种离别的伤感，有的来访者甚至有被遗弃的感觉。如果咨询师能够处理好来访者的结案情绪，不但可以给来访者一个正面的结束经验，也能让来访者感到有信心。只有当来访者对结案有心理准备，他才会积极地投入结案的过程，包括倾吐自己的感受、处理自己的情绪，以及学习适应未来关系结束的情绪。下面举一个例子来说明如何处理来访者的这类情绪。

咨询师：今天是我们最后一次谈话，你有什么想法或感受？

来访者：我对咨询要结束感到有些难过，我不喜欢离别的感觉。

咨询师：听起来你过去有这种离别的经验，你愿意多谈谈这种感觉吗？

来访者：印象最深刻的是疼爱我的姥姥去世时，我有很长时间只要想起来就会伤心流泪。

咨询师：我了解亲人去世的心情，我自己也有类似的经验。你还能想到其他的经验吗？比如只是暂时的分开……

来访者：那有很多呢，比如第一次离家去外地读书，跟父母道别时难过了很久。还有高中毕业跟同学说再见时……反正任何关系的结束都让我依依不舍。

咨询师：你对我们面谈的结束也是如此吗？

来访者：是的，我很怀念这段咨询的日子。

咨询师：我也很珍惜与你相处的这段时间，以后你有空可以过来聊一聊近况。

来访者：真的？我会来的。

咨询师：你现在的感觉怎么样？

来访者：感觉舒服多了，谢谢你！

生涯咨询师必须觉察到，咨询关系的结束对咨询师来说也会引发情感上较难适应的心境，如果咨询师不太愿意结束咨询关系，可能如同来访者一样有对关系结束的情绪，也可能是来访者不再需要自己带来的失落感。咨询师必须对自己这类的情绪有敏锐的觉察，避免将其带入咨询中，否则可能阻碍咨询的顺利结束，也会给自己和来访者带来无法预料的伤害。如果自己无法处理这种结案的情绪，最好与同事或督导讨论，可以帮助自己在个人成长和专业发展上有更好的提升。

积极的咨询结案

生涯咨询的目的不只是解决来访者目前的问题，更希望帮助来访者在日后面临类似的问题，甚至其他不同的生活问题时，能以咨询中学习到的经验来解决。这种说法并不意味着来访者日后不会再有困扰或问题，或是他能解决未来所有的问题，而是来访者经过一番咨询的洗礼，对于未来的自我成长和自我管理有了更好的想法和作为。

因此，咨询结案的重点要放在增加来访者的自我力量上，包括支持来访者的进步、肯定来访者的收获，以及鼓励来访者持续努力。咨询师对来访者未来的成长要有信心，正如短程咨询所强调的一句话："真正的改变从咨询结束后开始。"

结案时，咨询师帮助来访者回顾他的进步、强化学习到的技巧、洞察收获、了解未来可能面临的挑战，同时强调来访者对自己生涯的主导，增强自我了解、探索生涯选择、做生涯决定、寻找工作机会等技巧，而且毫无疑问这些技巧在未来遭遇生涯困境时同样需要。咨询师应帮助来访者回顾过去咨询中他所采取的一些步骤，以及碰到困难时可使用的策略。

咨询师：我上次跟你提到过，这是我们最后一次谈话。结束前请你谈一谈你的感想，特别是如果你再碰到需要做决定的情形，你会怎么做？

来访者：我不会害怕做决定，也不会再犹豫不决。我会按照所学的决策平衡技术，列出可能的选择或方向，然后根据考虑的因素、优缺点加以评估。而且，我会进一步制订行动计划，按部就班地去实践。

咨询师：很高兴你有信心做决定，你对未来有什么想法吗？

来访者：我很感谢你对我的未来发展的支持和鼓励，让我对自己的能力和兴趣有更清楚的了解，也对所学的专业更有信心。还有，让我与父母的沟通更通畅，这是我当初没想到的收获。我觉得现在对自己的生涯有了更广阔的视野，不仅限于找工作而已，而且能将其他生活层面都考虑到，尤其发现了自己的人生价值。

咨询师：我看到你现在对自己的生涯充满了希望，你觉得呢？

来访者：是的，我感觉很有信心，非常感谢你给我的帮助。

咨询师：太好了，祝你顺利毕业，并且早日实现自己的理想。

思考活动

1. 你过去一定做过一些计划，有未能执行或半途而废的吗？那是怎样的情形？
2. 除了本章介绍的评估方法外，你还有什么方法可以评估自己取得了朝向目标的正向改变？
3. 与你过去的咨询经验相比，对于咨询结案部分你有什么想法或感受？

第九章

叙事取向的生涯咨询

近30年来，发展出不少新的生涯理论，例如社会认知论、认知信息加工论、生涯混沌论、生涯决策论等，其中源自叙事疗法的叙事取向生涯理论最受推崇，成为后现代生涯咨询一个广为采用的有效方法。

叙事是人类思考和组织知识的基本方法，我们常以叙事的方式进行思考、表达和沟通，以此理解人类与世界。因此，故事叙说借由帮助人们说出自己的生命故事，主动去建构其生命历程（黄素菲，2019）。而科克伦（Cochran，1997）认为，以叙事取向进行生涯咨询，着重在个人的生命主题与主观意义，通过未来蓝图和未来故事描绘生涯愿景。

第一节　主要概念

叙事取向生涯理论主张以叙说生命故事为方法，走进来访者的内心世界，了解来访者与其所处的成长背景，并通过来访者叙说故事把来访者过去、现在的生命经验加以整合。同时，帮助来访者在叙说、与咨询师的对话中建构较完整的自我认同，使自我认同和领悟扩展到未来的故事中。

叙事取向的生涯咨询有下面三个主要概念。

1. 生涯即故事：叙事取向的生涯咨询是一个故事叙说与故事重写

的过程，来访者的生涯是他个人的主观经验，形成所谓的文本（text），而咨询师就是帮助来访者对照这个文本，对其生涯进行注释或解释，让其了解文本的内在含义，例如来访者生涯经验的兴趣、能力、价值等故事情节，都有可能是他的文本主题（theme），但是并未被来访者注意到其背后的意义（金树人，1998）。

2. 生涯领悟：叙事取向的生涯咨询认为来访者通过不断的自我叙说，可以清晰地看到自己，同时通过来访者不断地叙说，有机会跳出自我，产生顿悟（田秀兰，2015）。因此，咨询师在引导来访者叙说故事的过程中，帮助来访者发现自己生涯的意义和目标，并且思考、计划和实践自己所重视的生涯目标。

3. 生涯赋能：叙事取向的生涯咨询不同于传统生涯理论强调人与环境的适配性，它更重视来访者在自己故事中的主动角色，帮助来访者化被动为主动，使其自然而然地被赋予更多的力量，进而产生一种赋能感。因此，咨询师不再为当事人解决问题，而是协助当事人以叙说故事的方式，充实故事的内容，进一步改写故事，并且在新的故事中创造新的可能，活出新的自我和未来。

第二节　咨询目标

在叙事取向的生涯咨询中，咨询师帮助来访者叙说自己的故事，进一步完善故事情节和内容，从而在新的故事中发现不同的可能性，咨询师的角色如同伴读者，协助来访者看到自己的生涯意义与价值（金树人，2008）。叙事取向生涯咨询的过程在咨询师与来访者的对话中展开，经由探索生活事件建构出来访者的问题故事，并据以理解来访者身陷“问题”生活事件的特征，然后进入来访者问题故事的松动与重构过程，包含“离开”的过程和“建立”的过程（黄素菲，2019）。由此可见，咨询目标可以归纳为如下三个。

觉察生涯问题

来访者的生涯问题或困境大多是实际状况和理想状况之间的落差，而这种差异往往对来访者的生活有重要影响，甚至打击来访者实现目标的积极性。咨询师一方面要让来访者理解自己目前的处境并找到两者之间的差距，另一方面要引导来访者找到自己的动力来源。咨询师可以借助一些咨询技术和工具来理解来访者的矛盾点和对未来的期待，然后对比来访者当下的处境，共同面对和探讨来访者所面临的问题。

再造生涯故事

咨询师的主要任务在于鼓励来访者建构自身的生涯故事，让来访者逐渐找到实际状况和理想状况之间的平衡点，缩小差距。在这个环节咨询师可以借助同属后现代心理咨询的焦点解决技术，鼓励来访者关注自身的优势与资源，思考当下可以让自己变得更好的方法，并制订与理想目标方向一致的阶段性计划，逐渐缩小与理想状况之间的差距。

赋予生涯意义

未来是无法确定的，即使一个接近于完美的计划，在复杂的现实情况下也会受到阻碍甚至失效，来访者在面对这样的难题时很容易失去掌控感。咨询师需要引导来访者相信自身生涯故事的多种可能性，包容并理解生涯发展的变动性和未来的不确定性，从生涯故事的多种可能性中让来访者允许故事有新的发展或者创造新的故事，改变生涯故事的发展轨迹，从而让来访者看到自己未来的新愿景，获得对生涯的自主感。

第三节 咨询步骤

萨维科斯（Savickas，1997）提出叙事取向的生涯咨询包括以下五个步骤。

1. 倾听来访者的故事，并探索其中的生命主题。引导来访者说故事，类似电影或小说中的剧情，包括人物角色、场景、过程以及背后的含意等。然后，思考故事可能的生命主题，例如：“在这个故事里你最关心的是什么？”“你觉得你说的故事，如果像电影或电视剧一样，你会给这个故事起什么名字？”“和这个主题有关的事情还有哪些？”

   与来访者交流他的生命故事，最好按照故事时间的先后顺序来叙述，例如来访者通常的故事顺序是始于家庭生活，接着拓展于学校经验，扩散于社会服务。而且要特别留意故事中的逆境、冲突和曲折之处，让主题逐渐浮现（金树人，1998）。

2. 将此生命主题反映给来访者，帮助来访者思考生命主题。把思考后的生命主题与来访者分享，并一起探讨故事中何者是最主要的生命主题，例如：“我听了你的这个故事，觉得你最关心的是没有受到他人尊重。”“我觉得你的生命故事的主题似乎是‘展翅高飞’，你觉得呢？”“对于这个生命主题，你还能想到什么？”

3. 回到来访者所呈现的生涯困境，探索该困境与此生命主题之间的关联。协助来访者把故事的生命主题和目前的生涯困惑或问题联系在一起，例如：“你觉得现在自己对未来感到迷茫，和我们谈到的生命主题有什么关系？”

4. 尝试将生命主题延伸到未来。引导来访者思考未来可能的新改变或发展，例如：“你给自己的故事起名为‘苍白的青春’，你期待有什么不同的改变吗？”“对于未来的生命故事，你要给它起一个有积极意义的名字吗？”“如果这是一个重新出发的起点，你会做些什么？”

5. 发展并练习做决定所必须具备的技巧。鼓励来访者为新的生命故事做准备，包括制订行动计划、寻找有力的资源和学习新的技能，例如："让我们来讨论如何采取行动的步骤……""有什么内在和外在的资源可以利用？""你觉得为了达到制订的目标，你可以做什么准备？或者学习什么技能？"

科克伦（Cochran，1997）则不用步骤一词，而称之为情节段落，目的在于强调故事各个段落的情境脉络，而非一般要完成的咨询步骤。科克伦认为的七个情节如下。

1. 陈述个人生涯问题。不同于一般的简单描述，协助来访者进一步探索个人生涯问题更深的层面，所用的技巧包括职业兴趣组合卡、绘画、测验，以及对其生命中重要事件关系的探寻等。
2. 形成个人的生命历史。协助来访者通过生命不同阶段过程中的生活事件，增强自己性格、价值观、生活态度、信念和与他人互动等关系的交集，找到有意义的生命主题。
3. 建立未来的生命篇章。回顾过去的生命历史后，协助来访者对未来进行积极的思考，可运用绘制生命线和家庭图、撰写生活篇章、探索成功经验、角色楷模、幻想典型的一天等活动来协助来访者对未来有正面积极的思考。
4. 建构现实观点。协助来访者建构现实的观点，想象可能以及不太可能的情况，寻找足够的动力和积极行动来实现梦想。
5. 改变个人的生命结构。引导来访者制订具有意义的生命主题，思考必须完成的生命任务以及如何完成。
6. 树立生活角色。引导来访者探讨最理想的生活实践，形成符合现实的未来生活角色和计划，并结合自己的兴趣和价值观付出努力。
7. 让生涯决定更为具体清晰。鼓励来访者采取行动，使自己的决定具体清晰，包括清除可能的障碍、远离过去的故事而实践新建构的故事、对所做的决定有所反思，并对未来提出问题。

布劳特（Brott，2001）提出共构、解构和建构三步骤，共构是咨询师和来访者共同将来访者过去及现在经验显露出来，例如通过生命线图来帮助来访者探索过去的记忆；解构是开启这些故事，例如通过发现例外，想象不同的经验及辨别不同的观念，以指引未来的方向；建构则是来访者重写未来导向的故事过程。

而坎贝尔和昂加尔（Cambell & Ungar，2004）则以来访者期待的理想生涯为前提，关心来访者未来理想故事的具体事件，而不是着重于松动或解构来访者的旧故事。

黄素菲（2019）整合上述学者的观点，并参考希尔（Hill，2014）的三阶段助人模式，梳理出三个阶段和八个步骤（注：此处在描述上做了一些修饰）。

1. 探索阶段：重点在共情并反映来访者的生涯故事和生命主题。

   步骤一　倾听来访者的故事，并用心听出其中的生命主题。内容包括与来访者探讨其目前的生涯问题或困境与生命主题的关联是什么，邀请来访者为问题或困境命名，与来访者讨论影响其生涯意义和经验的问题是什么。

   步骤二　将来访者叙说故事的生命主题反映给来访者，并探讨这个生命主题。内容包括与来访者一起追溯其问题或困境的历史，与来访者讨论目前所遭遇的生涯问题及其与生命主题之间的关系，探究来访者生命中的关键经验，从各种角度思考问题。

2. 洞察阶段：重点是协助来访者松动原来的问题故事（旧故事），并形成替代故事（新故事）与生涯的未来愿景。

   步骤三　检视生涯困境。包括探讨其问题故事是否为主流社会的价值所建构，包括协助来访者与自己的主线故事对话，与社会价值对话，拓展多元的观点和思考空间，寻找潜在故事、特殊意义的经验，以及解构其形成问题故事的表面或窄化的社会背景。

   步骤四　回到生涯困境，探索与此生命主题的关联。内容包括评估问题的影响力，探索这个问题影响了来访者的哪些层面，以及如何产生影响。

步骤五　尝试将生命主题延伸至未来，形成生涯愿景。包括协助来访者找出期待故事，丰富支线故事，产生多元视角，寻找隐藏的故事线，探索替代故事，建构来访者的生涯愿景，并对愿景进行生涯认同叙说。

步骤六　描绘自己的偏好故事，其内容可以是理想的，羡慕的或追求的生活，之后逐渐形成替代旧故事的新故事。包括尝试将生命主题延伸到未来，寻找自己真正想完成的人生任务，梳理出生涯方向，重新检视生涯困境，协助来访者松动问题故事，并形成替代性故事与生涯愿景。

3. 行动阶段：重点是从生涯角色核心发展出具体的行动去实践。

步骤七　强化角色，在现实中形成自己的故事，且设身处地地同在。包括周围有什么人会关心自己的新故事以及他们会如何期待，看到自己的转变会有什么惊喜。

步骤八　将抉择具体化，作为连接建构故事和未来故事之间的桥梁。包括需要哪些资源和准备，做什么可以朝向新的生命故事，有什么条件、能力、特质有助于达成愿景，以及可能会遇到的困难和如何应对。

第四节　咨询技术

叙事取向的生涯咨询经过多年的发展，一些技术已渐趋成熟。下面介绍几种常用的技术，按照共构、解构和重构三大主轴分别说明。

共构

协助来访者从他过去和现在的经验中开启其生命故事，常用的技术如下。

倾听

来访者通常呈现的故事主要与其问题有关，而且带有许多负面情绪（表达时可能很混乱或没有条理）。因此，咨询师必须仔细倾听并理解来访者所使用的语言，留意其关键的经验、事件和人物的影响。另外，可通过小故事建构生涯，寻找和探索生命主题；引导来访者从叙述生涯困惑开始表达内心冲突或矛盾等。弗雷德曼（Freedman，2017）用“双重倾听”来说明咨询师倾听时的思路，一重是倾听问题如何影响来访者，另一重是倾听来访者做了什么而影响问题。

探究

引导来访者陈述自己的生涯问题，它不同于一般的简单描述，需要鼓励来访者探索个人生涯问题的深层，包括生命过程所面临的重要事件和因果关系及意义、不同故事情节之间的关系、生涯目标以及可能面临的阻碍等。

提问

咨询师通过促进反思的提问，来刺激当事人思考相关的经验，带入故事的情节中，并且借由提问引导来访者进行故事的叙说和编撰。这些刺激性提问如下。

1. 角色楷模：例如“在你的成长过程中，哪些人是你最仰慕的？”“你看过的电影或小说中的角色哪些是你崇拜的？”
2. 书籍：例如“你喜欢看哪种类型的书？”“你最喜欢的一本书是什么？”“书中的主角哪一点比较像你？”

3. 杂志：例如“你喜欢看哪一类的杂志？风格是什么？”“最吸引你的是什么样的栏目？”
4. 休闲活动：例如“你有哪些休闲爱好？”“下班或放学后，你最想做的是什么？”“上个周末你做了什么？”
5. 学校课程：例如“学校的哪些课程是你感兴趣的或有成就感的？”“哪些是你能拿到高分的学科？”
6. 座右铭：例如“在你的人生中有什么谚语或寓言对你有鼓励的作用？”“什么座右铭可以帮助你励志？”
7. 企图心：例如“你对未来有什么样的梦想？”“你的理想和现实有什么不同？”
8. 决定：例如“你能举一些自己过去做过的重大决定吗？”“当你做决定时你习惯用什么策略或方法？”

解构

帮助来访者打开更多的故事空间（例如遗漏的情节），找出一些不符合主流社会价值观或隐而未现的线索（故事的支线），让他看到不同的观点和例外产生的相对影响力。同时，帮助来访者辨认不同生命阶段反复出现的主题，引入不同的视角来审视其生命故事，寻找和创造更多的可能性，扩展自己故事的广度。因此，故事的下一段情节即是丰富叙事、重新叙事和建构未来。

外化对话

帮助来访者把自己与问题分开是外化的核心（黄素菲，2019）。叙事疗法认为“人自身没有问题，问题本身才是问题”。当人们遭遇问题时，往往会被问题缠绕着，无法理清问题的来龙去脉，因此陷入烦恼的情绪中。“外化”拉开了人和问题之间的距离，让来访者从多重视角看待问题，通过对问题进行外化，问题并不一定消失，但能有效改变人和问题之间的关系。咨询师的提问例如：

1. “是什么情况导致这个问题产生的？”(“当局者”转变为“旁观者”)
2. “这个问题现在给你什么感受？”(卸下内心负担)
3. “如果要你对这个问题命名，你会起什么名字？”(通过“命名”来外化)
4. “什么情况会使你犹豫不决？你会怎么面对？”(直面问题)
5. “焦虑对你的生活和工作有什么影响？”(减少挫败感)
6. “面对这个问题，你过去好像有一些方法可以解决，是什么呢？”(找到主控力)

例外对话

通过提问，请当事人叙说自己没有受限于问题故事的经验，然后将这些被忽略却具有潜在重要性的事件与经验，纳入当事人的生命。这些事件与经验并不在主要的故事线里，它们被视为“特殊意义事件”或“例外”，即我们通常所说的闪光点、不同点。在解构的基础上，鼓励来访者以不同的角度去看待原有的问题，并在其中发现与问题相反的事件，如在悲伤的人生中发现幸福、快乐的事情。“例外”就是帮助来访者看到问题以外的世界，并重新想起最初面对困难时的勇气与策略。

提问

帮助来访者松动其主线问题故事，目的在于拓展来访者思考更多元的观点，例如：

1. “现在你对自己有什么新的认识？”(意义性提问)
2. “为什么这个支线故事比主线故事更适合你？”(价值观提问)
3. “你曾经对自己的焦虑采取过什么应对方法？”(例外提问)
4. “你所说的这件事对你有没有一些特殊的意义？”(独特意义的经验

提问）

5. “如果你不想这么做，那什么才是你真正想做的？”（多重观点提问）

重构

这部分是叙事取向生涯咨询的主旋律。在咨询师的引导下，来访者找到那些以往被自己忽略的重要事件，发展出支线故事线，之后从此出发，重新审视自己原来建构的故事，进而形成新的故事。

其目的是帮助来访者反思，使得自己的故事不但创新且有可行性。在此阶段，咨询师的鼓励和反馈是来访者顺利解决问题的最大保障。

未来的生命篇章

目的在于协助来访者积极地思考未来、生涯任务、生命的意义。可采用的技术如下。

1. 请来访者写信给 10 年或 20 年后的自己，告诉这个未来的自己：我希望他做什么工作，过怎样的生活，做哪些休闲活动以及其他自己想要实现的梦想。
2. 撰写生涯自传：鼓励来访者可以把自己成长过程中的经验，如成绩单、照片、玩具、奖杯、情书等印象深刻的情节放在生涯自传的前几章。咨询师也可以引导来访者：“现在可以放松，好好思考，从现在起一直到死亡，这期间可能会发生哪些有意义的事情，实现哪些梦想。”
3. 设想“我”的生涯观众：引导来访者为自己整理出一份生涯蓝图，这能显现出来访者的特点和可预见的未来人生，例如引导来访者思考：“如果要向生命中一个重要的人描述生涯蓝图，你会怎么说？”“如果你的女朋友看到你的生涯蓝图，她会说什么？”“什么是你理想的生活？你想要如何达成？”“你认为什么是符合现实生活的角色？”

4. 新故事命名：帮助来访者扩大支线故事的内容和意义，加入有特殊意义的事件，丰富对经验的理解，并加以组合，给过去或未来的故事起一个新名字。

积极行动

鼓励来访者把自己的决定付诸行动，包括实践新建构的故事、排除可能的障碍、制订短程目标、做出一小步的改变等。

局外见证人

鼓励来访者寻找局外见证人，这有利于进一步丰富来访者的喜好故事，从而能够用偏好故事代替问题故事。局外见证人可以是来访者认为很重要的人，也可以是与来访者有类似问题的人物，或咨询师。局外见证人的任务不是要给建议、下结论或判断，表达的内容包括来访者的故事哪些对自己有吸引力，这些故事让自己联想到了什么，这些故事相关的个人经验是什么，以及听了这些故事之后自己的生活会有什么变化等。

重组会员对话

帮助来访者寻找过去生活中重要且有影响力的人际关系，鼓励来访者在回忆过去关系时尝试以重要他人的眼光来看自己，重新发现自己的身份认同。而让来访者接受关系失落的最好方法就是和过去说再见，而不是否认或拒绝过去。咨询师要鼓励来访者回想过去的关系，尝试以重要他人的眼光来看自己在这段关系中的付出，进而重新发现自己的重要性，以应对未来的生活（White，1988）。重组会员对话有如下四个阶段。

1. 让来访者重新回想重要他人对自己的付出。
2. 尝试推测别人会如何看待自己。
3. 重新觉察自己对这个重要他人的关系。

4. 结合上面的新观点，重新诠释对自我的认识。

第五节　咨询案例

来访者是某大学外语专业的本科三年级女生，20 岁。咨询会谈 5 次，每次约 1 小时。下面是这 5 次会谈的片段。

第一次会谈：开启故事（共构）

咨询师：我能给你什么帮助？（对咨询的期待，聚焦）

来访者：我对毕业后找什么样的工作，觉得很茫然……

咨询师：你对未来工作有什么期待？（开启故事，协助建构）

来访者：我期待自己更清楚现在的情况，确定毕业后做什么比较好。我需要去赚钱，我爸爸因为健康问题而没有工作了。

咨询师：你是说你有经济上的压力？（寻找问题故事主线）

来访者：最主要的是不知道自己喜欢什么样的工作。（最初呈现的生涯困境）

咨询师：说说你考虑过什么样的工作？（开启故事）

来访者：我曾想过开个小面包店，因为我打过工的面包店师傅说我很有天分，我的好友邀请我开一家咖啡店，而且他的表哥愿意出资。不过我的专业很多毕业生都是去当老师的，我去中学实习那会儿，学生很喜欢我，我也挺喜欢教他们……

来访者：其实，我的个性很受家庭环境的影响。

咨询师：谈谈你的家庭、家人关系……（展开旧故事）

来访者：我妈妈对我很严格，我和爸爸很疏远，只有姑姑经常给我鼓励和支持，但是她住得比较远。我从小就觉得家里的气氛很沉闷，家人没有什么交流，我妈妈重男轻女，眼中似乎只有哥哥。我从小渴望从妈妈口中得到像哥哥一样的表扬，反正不管我表现得再好，妈妈都认为我不如哥哥……

咨询师：你希望父母给你什么样的支持呢？

来访者：我希望得到父母的肯定，努力去达到他们的标准，可是我觉得好累啊！

咨询师：可以多谈谈吗？比如其他类似或你记得的事情。

来访者：小学三年级我评上了三好生，高兴地跑回家告诉父母，结果他们只是冷淡地回应说挺好。还有一次……

来访者回忆不同的旧故事情节，咨询师耐心倾听和引导，大约20分钟。

咨询师：这里有一个生命线图，中间的这条横线表示均值线，线的两边或高或低表示生命中经历的事件或心情的好坏，你可以想一想你经历的事情，你会怎么标注？

来访者在图9.1上15岁的地方只标出了一个很低的点，并且表示没有其他的。

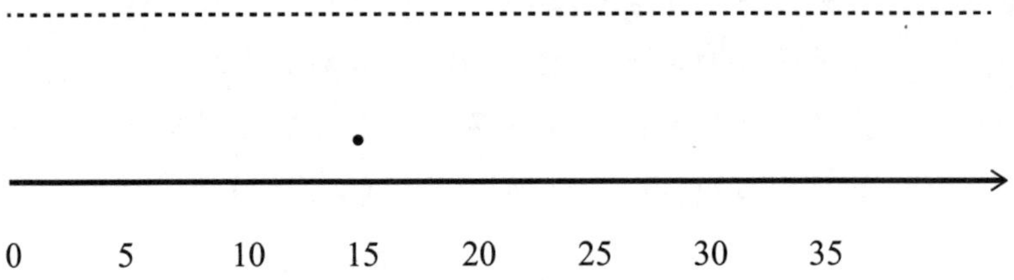

图9.1 来访者第一次画的生命线图

咨询师：说说你15岁发生了什么事？

来访者：我中学三年级的时候，爸妈离婚了，而且没有人告诉我，我是偷听到姑姑和爸爸的谈话才知道的，当时我很害怕……又无助，强忍着不哭……而且爸爸在妈妈离开以后整日借酒消愁，让我好担心……

咨询师：你对自己说的这些故事，如果给它们起一个名字，就像影片名或者电视剧名那样，你会起什么名字？（旧故事命名）

来访者：呃……很难想哎！有个童话叫“卖火柴的小女孩”，我感觉自己就像那个小女孩一样可怜。起个“没有温暖的小草”，可以吗？

咨询师：可以呀，暂时起这个名字，后面如果你想到别的也可以再修改。

第二次会谈：回忆旧故事（共构）

咨询师：这里有一些谚语或俚语当人遇到挫折时会用来安慰或者鼓励自己，选择三个你最常用的。（座右铭的刺激提问）

来访者：（第一个选择了“天无绝人之路”）我在中学时听到这句话，觉得很适合我。

咨询师：这和你的经历有什么关联？（探讨独特经验的意义）

来访者：过去我一直有自卑感，总是告诉自己不要被打败。

咨询师：就像你刚才说的，有没有印象深刻的具体事情？

来访者：有啊！就像……

来访者说了三件过去的重要生活事件，约 15 分钟。

咨询师：第二个你选什么？

来访者：（来访者选择了“天生我材必有用”）这是我一直勉励自己的话……可是……

咨询师：不着急，听起来你好像有些犹豫？

来访者：我觉得自己有一些能力，但是如果没有自信是无法发挥出来的。

咨询师：如果你有自信，会有什么不同？

来访者：我会表现得更自在，不会那么紧张。

咨询师：能不能举个例子？

来访者：有一次上台报告……

来访者：我选不出第三个。

咨询师：你可以写出其他你使用过的成语或者谚语，想到什么了吗？

来访者：将心比心，算不算？

咨询师：当然算，我想知道将心比心对你的意义是？

来访者：我期望人与人之间的相处可以平衡一点，我付出了，也希望别人如此待我。

咨询师：有这种期望，看样子过去碰到过一些事？

来访者：嗯！有坏的，有好的……

咨询师：来！说说有什么？

来访者：高一的时候，我一直很照顾同桌，但是后来发现他在背后说我闲话……

咨询师：这件事对你有什么影响？

来访者：我觉得有些人的心思就是不一样……所以说防人之心不可无。

咨询师：嗯，你刚才说也有好的事情，是什么呢？

来访者：像我大学的一个室友，她人很好，她会……我能感受到好朋友之间的关心，对我影响挺大的，我想像她一样。

第三次会谈：发展支线故事（解构）

咨询师：你现在回过头看父母离婚的事，有什么想法？（外化提问）

来访者：当时是很难过，现在觉得婚姻是他们的事，我不明白也不想管，反正早已成事实。

咨询师：所以，现在的感觉是……

来访者：告诉自己放下吧！

咨询师：假如成长是一扇窗户，现在的你站在窗外怎么看窗内童年的你？（外化）

来访者：好像看到一个年幼无助的自己，渴望有家的温暖。

咨询师：如果现在的你有机会和童年的你对话，现在的你会说什么？

来访者：我会说我好疼惜你，从现在开始我会保护你。

咨询师：你这样说是因为……

来访者：因为我长大了，有能力了。（找到主控力）

咨询师：如果让你给过去一些不自信的事起个名字，你会起什么？（外化提问）

来访者：我觉得这是多数人成长过程中都可能碰到的事……

咨询师：所以，你会给自己的这些故事起什么名字？

来访者：嗯……我会长大（呵呵呵）！

咨询师：上次画的生命线图，想想过去有没有让你感到有成就感或者很高兴的事？（寻找例外）

来访者：有啊！我上次回去后，想想是有高点的，当我知道考上大学的那一刻，我都高兴得跳起来了……

咨询师：看样子考上大学似乎是你生命的拐点？（拓展例外）

来访者：是的！进了大学，我发现了许多新奇、有趣的事，有的是学习方面的，有的是社团方面的，尤其是我得到了不少老师和同学的肯定。

咨询师：说说让你印象深刻的事。

来访者：去年班上同学投票选我参加了一个教学技能大赛，结果我拿了一等奖，这件事让我自信大增，还有……

咨询师：看样子，没有温暖的小草的故事在改变了。

来访者：（笑着没说什么）

咨询师：那要换成什么名字合适呢？叫“有温暖的小草”？（反映生命主题）

来访者：嗯！我会起“爱的小草”，因为这是有付出和收获的爱。

来访者第二次画的生命线图如图 9.2。

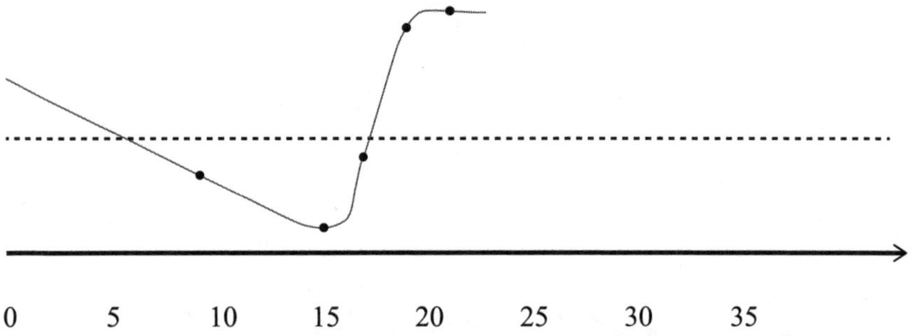

图 9.2　来访者第二次画的生命线图

第四次会谈：形成新故事（建构）

咨询师：你对自己的未来有什么期待？

来访者：期待自己不再被过去所牵绊，放下过去不能改变的事实，不再为这些问题伤神，也期待自己更有自信一点。

咨询师：还有呢？

来访者：还有，多爱自己一点，期待未来的生活能够活在爱里。

咨询师：那么，这些对你毕业后的工作选择有什么影响或意义？

来访者：现在想想，我要当老师，因为这个工作有爱、需要爱，符合我的期望。

咨询师：想象60岁你退休了，写一封信给现在的你，你会写些什么？（写信给未来的自己）

来访者：嗯……你是一个很棒的女孩，善良，有爱心，乐于助人，努力学习，做好自己的本分，你真的、真的已经很好了。

咨询师：还有吗？

来访者：不要在意别人的看法，那些人都是你生命中短暂的过客，他们总会变成过去。如果一直担心他们的看法，你会错失许多生命中美好的事物。

咨询师：你读了年老的自己的信，你会说什么？

来访者：我要勇敢做自己，为人处世更有弹性，不要太执着，可以体贴他人但不伤害自己。

第五次会谈：未来生涯篇章（建构）

咨询师：让我们来回顾这些日子我们走过的足迹，第一次……

来访者：过去的影响力弱了，我逐渐感到自己做决定的力量。（新故事代替）

咨询师：（引导生涯想象）现在来到10年后，你已经执教了8年，有一天你获得了优秀教师奖，你很高兴，也很感动，轮到你致辞，你会说些什么？

来访者：我爱我的学生，我喜欢与学生的互动……

咨询师：这里有一张空白的名片，请你在上面画出对自己未来的期待。

15 分钟后，请来访者描述自己的名片。

来访者：（拿着画着彩虹的名片，读上面的字）追寻自己的梦想，不放弃对希望的坚持，帮助别人，活在温暖和爱里。

咨询师：还有什么想说的？

来访者：感恩一路支持我的人，比如我的姑姑、你，还有我生命中的每一个人。

咨询师：我看到你的勇气、毅力和希望。祝你实现你的美好未来！

第六节　评价

在叙事取向生涯咨询的课堂中，学生们对叙事取向生涯咨询的应用提出了不少真实的反馈意见，下面整理出他们认为的优点和局限，值得在运用时作为参考。

优点

1. 可以不断补充故事的材料，帮助来访者找出遗漏片段，以唤起来访者改变的内在力量。
2. 在讲故事的过程中让来访者更好地审视和反思自己，让来访者自己产生顿悟。
3. 问题外化也能帮助来访者建立更加积极的态度，正视过去，积极面对未来。
4. 尊重来访者主体，让说故事的人具有主导角色，充分发挥自身的主动性。挖掘其独特性，让来访者对自己有掌控感，肯定来访者的价值。
5. 故事贯穿自身始终，感受性强，比较生动的谈话方式，让来访者可以更多地了解自己，更轻松地参与到咨询中，对咨询更感兴趣，容易和咨询师建立关系，步骤很清晰，可操作性强。
6. 挖掘到的来访者的信息量更大，也更加深入，有比较明确的建构取向。
7. 帮助来访者通过叙述自己的故事，审视内心对这件事的态度，梳理自己的人生，进行故事重构，探索出适合自己的道路。

局限

1. 必须建立在足够好的咨访关系上，这样来访者才愿意吐露自己。
2. 需要来访者进行非常积极的思考和配合，比较考验来访者的叙述能力。
3. 对咨询师水平要求较高，要能应对各种情况，来访者的叙述可能带有主观色彩，需加明辨；咨询师可能会被来访者讲的故事所引导，来访者可能无意识地陷入错综复杂的细节，或者故意讲一些自己想让咨询师发现的东西，咨询师跟着来访者的思路走下去，可能会陷入来访者的陷阱。
4. 来访者的语言理解、表达能力会有差异，如果遇到不善言辞、主动性不高的来访者，可能不容易进行下去。
5. 咨询过程比较迂回，依靠来访者的故事，主观性很强，不能确定来访者故事的真实性，对咨询师来说平衡点难以把握，要很好地把控整个过程的走向较难。
6. 对于一些想要快速明确地找到某种答案的来访者来说可能有点慢。
7. 来访者叙述的过程中可能会混淆现实和理想，而且故事容易发散或跳跃，需要咨询师有较好的觉察能力和控场能力。

思考活动

1. 叙事取向的生涯咨询与其他的生涯理论比较，有什么优点和局限？
2. 如果来访者一向害怕做决定，你会如何帮助他开启故事叙说？
3. 如果来访者原有的主线故事命名为“拖延的我”，如何引导他找出支线故事？如何帮他把自己和问题分开（外化）？

第十章

生涯咨询的伦理

伦理代表一个专业的理想目标和行为标准，大多数行业都会制订自己的专业守则或伦理规范，如医师、律师、建筑师等行业，其目的在于引导行业内的从业人员表现出公正和合理的专业行为。格里克（Gerig，2007）认为伦理对建立专业的认同和确保专业的效能尤为重要。维尔福（Welfel，2002）更指出，咨询伦理的目的包含以下四个层面。

1. 具备适当的知识、技巧和判断，以创造有效的干预。
2. 尊重来访者的尊严、自由和权利。
3. 展现咨询师有智慧和负责任的角色的力量。
4. 引导咨询师提升社会大众对专业信心的方向。

进一步而言，咨询伦理的重要性表现在四大重要层面上（Mappes，Robb & Engels，1985）。

1. 提供规范：规范咨询师的专业能力、资格及行为。
2. 提供指导：提供咨询师从事实务工作行为时的参考。
3. 提供保护：首先是保护当事人的权益，其次是保护社会大众的权益，再次是保护咨询整体专业的权益，最后是保护咨询师的权益。
4. 提供信任：当事人信任咨询师，社会大众信任咨询专业，咨询师专业服务的自主性得到尊重，整体咨询专业的专业性得到认可。

关于探讨心理咨询的伦理内容和守则的专著和专业期刊不少，对伦理议题有兴趣的读者可以通过网络进行查询和选购，也可以上网检索国内外心理学或心理咨询专业学会的网站，了解他们的伦理守则或标准。本章仅探讨与生涯咨询有关的重要伦理议题，作为咨询师思考和处理伦理问题时的参考。

第一节　伦理的原则与决策

一般而言，咨询伦理有强制伦理和理想伦理两类。强制伦理以法律与伦理守则为基准，清楚地明示咨询师专业行为的最低标准，这类伦理守则的叙述通常使用“应该”及“不应”的用语。而理想伦理属于专业行为的最高标准，以良心和良知来考虑来访者的福祉，这类伦理守则的描述通常使用“期待”及“鼓励”的用语，旨在让咨询从业者理解伦理的精神以及隐含在伦理守则背后的基本原则。

咨询师遵守强制伦理，可以使自己减少受到法律诉讼或专业团体惩罚的可能性，而理想伦理则让咨询师更进一步反思自己的咨询行为对来访者福祉的影响。例如，美国心理咨询学会（1995）的伦理守则就有法定伦理（类似强制性伦理，规范会员行为的标准和违反规范的罚则），以及理想伦理（期望和鼓励会员行为的最高标准）。

咨询伦理的制订，让咨询师在咨询过程中能够敏锐觉察自己的伦理行为，促进专业咨询机构去建立健全的引导和警告机制，协助咨询师面对各种伦理问题和两难困境（Keith-Spiegel & Koocher，1985），以做出合理的实务判断，避免不符合伦理的行为发生。

伦理的原则

一些咨询师常误解不符合伦理的行为是指严重违反既定的伦理守则，

然而事实上大多数不符合伦理的行为是因咨询师在咨询过程中的疏忽所造成的。如果咨询师无法觉察到自己的行为对来访者可能产生不良影响，就会在无意间对来访者造成伤害，例如未察觉来访者的移情反应、忽视来访者轻生的念头或说辞、轻易给来访者贴上病症的标签、把自己的价值观强加在来访者身上、未考虑来访者问题中的文化影响因素、没有保持适当的关系界线等。

一些违反伦理的行为只有咨询师自己知道，也不容易被他人发现。而有些违反伦理的行为，甚至连咨询师本身也未察觉到。因此，咨询师要达到伦理的要求，就必须有勇气挑战自己的想法和行为。一个很好的方法是，经常反问自己："我这么做符合当事人的最佳利益吗？"因为，伦理的最主要的精神在于保障和谋求来访者最大的福祉。

综合一些学者对伦理的看法，如基奇纳（Kitchener，1984），比彻姆和柴尔德里斯（Beauchamp & Childress，1989），米拉、施密德和戴（Meara，Schmid & Day，1996）等人的观点，他们认为任何助人专业的伦理守则都必须以自主性、无害性、获益性、公正性、诚信及真实性六个道德原则为基础。这六个原则并非各自独立，彼此之间有重叠和关联，举例说明如下。

1. 自主性。咨询师必须尊重来访者有自我决定或选择自己方向的自由，咨询会谈初期有责任告知来访者任何有关咨询过程中发生的事，如咨询师的角色、咨询如何进行、来访者有权利决定是否继续接受或停止咨询等。同时，为避免来访者过度依赖咨询师，咨询师应帮助来访者培养自我觉察、自我判断、自我肯定和自我负责的能力。
2. 无害性。咨询师必须避免咨询的过程和结果让来访者遭受有意或无意的伤害，如防止来访者有伤害自己或危害他人的行为、避免为满足咨询师个人需求而牺牲来访者的利益等。因此，咨询的过程中咨询师要敏锐地评估可能的危险，并且有责任采取必要的防范措施。
3. 获益性。咨询师必须尽力提供良好的服务，不仅帮助来访者减少困扰、解决问题，而且致力于增进来访者的成长和发展。因此，咨询师应致力学习咨询的专业知识、使用适当的咨询技术、积累专业的经验等。

4. 公正性。咨询师应该公正和平等地对待所有的来访者，无论他们是因年龄、性别、种族、身心状况（如视觉、听觉、肢体残障等）、教育程度、社会经济地位、文化背景、宗教信仰等有所不同。换言之，咨询师不能对来访者有任何歧视或偏颇的态度和行为，而是应该一视同仁地真诚对待。
5. 诚信。咨询师必须真诚地投入咨询关系中，并忠实地履行对来访者的承诺（如咨询收费、咨询时间等），以建立双方相互信赖的关系。咨询师也应告知来访者咨询的内容，包括咨询目的、过程、限制、潜在危机、利益等。同时，咨询师如果发现自己已经无法给予来访者有效的帮助和成长，或来访者的问题超出了自己的能力范围，必须诚实地告知来访者，并得到来访者同意终止咨询或转介给其他专家。
6. 真实性。咨询师必须让来访者了解真实的咨询内容和过程，不可有欺骗或操纵来访者的行为。例如，咨询师应告知来访者双方的权利和责任、使用测评工具的目的、收费标准，以及来访者有权要求保密、调阅咨询记录、拒绝转介以及了解拒绝后可能的影响等。

伦理的决策

面对伦理问题，如何做出好的决策是对咨询师的一大考验。一般而言，与当事人讨论是最直接的方式，这样有利于来访者的问题能够得到最好或最合理的解决。希尔、格拉泽和哈登（Hill，Glaser & Harden，1995）建议尽可能让来访者参与每一个伦理决策的过程，因为在强调合作的咨询关系中，来访者必须被赋能。咨询师可以通过增进来访者的自我觉察，建立和开启一个达成最佳咨询成效的契机，同时也为所有伦理问题找到适当的解答。当然，这并不意味着咨询师未让来访者参与决策过程，就不可能达到理想伦理的要求，但在判断伦理问题时加入来访者的意见是利大于弊的。

科里和哲里安（Corey & Gallanan，2003）建议咨询师面对伦理问题的判断，可以采取下面八个步骤，来帮助自己找到好的决策。

1. 理清问题的关键。解决伦理问题的第一步就是确定问题的原因和特性。多数伦理问题是相当复杂的，因此试着从不同角度看待问题，避免给问题下一个过度简化的结论。因为伦理问题通常没有对错的解答，所以必须面对和挑战咨询过程中诸多模棱两可的状况，而理清问题的关键就是在咨询开始及解决问题的过程中持续征询来访者的意见，并将做的决策与行动记录下来。
2. 思考相关的潜在问题。在咨询过程中，及时记录来访者问题的各种可能状况，并详细地分析和评估这些问题对个体的权利、义务与福祉的影响。按照上述六个伦理原则，以来访者的问题能够得到有效解决为目的，针对来访者的具体问题选择优先顺序。因为某个原则可能对此刻的问题解决有效，不同的伦理原则可能导致完全相反的处理方式。
3. 参考相关的伦理守则。查阅自己所属专业组织的守则和建议的解决方法，同时核对自己的伦理判断和价值观是否与相关守则一致或冲突，也可以征求专业组织的相关人士对问题的看法或解释。建议从事心理咨询和治疗的专业人员，上网查询和下载《中国心理学会临床与咨询心理学工作伦理守则（第二版）》（2018）作为工作指南。
4. 了解可运用的法律及规定。随时获知新的法律法规是咨询师的一项基本工作。尤其是在面对保密信息、父母的权利、记录的保存、测验与衡鉴、诊断、专业认证、不当咨询等，或因来访者可能对自己或他人造成伤害，为防止意外事件发生须向有关部门通报、处理等问题时特别重要。同时，咨询师还必须确定和了解所属专业组织和工作单位的现行法规。

5. 寻求专业人士的意见。面对伦理问题时，征询他人对问题的看法是相当有用的。可以多请教同事或同行专家的意见，并接纳他们不同的看法。如果涉及法律问题，则必须寻求法律专家或律师的协助。同时，将自己请教的内容和别人的建议都记录下来，与来访者一起讨论，这对于解决伦理问题很有帮助。
6. 思考可能采取的行动。此阶段运用头脑风暴进行伦理决策很有帮助，经由记录所有可能的行动方案，可以找到有效的方法，也可能最后发现什么都不需要做。当思考可能的行动时，和寻求专业人士的意见一样，也需要与来访者讨论。
7. 列举不同决策的可能结果。详细思考每一种行动和决策对来访者、来访者的关系人以及咨询师可能产生的影响。再次提醒，跟来访者讨论可能的结果是非常重要的。基于上述六项基本原则，作为每一个咨询行动方案结果评估的原则。
8. 选择最适当的行动。在做最后决策时，审慎思考从各个不同层面收集到的信息。只要是自己深思熟虑后认为是最好的决策，就要尽可能地去实施并评估行动的结果，不要事后怀疑自己是否做了最好的决策。经常翻阅自己的记录也有助于评估整个历程，追踪每一个决策的结果，并随时评估是否需要采取进一步的行动。为了获取最完整正确的信息，务必让来访者参与这个过程。

第二节　来访者的权利

对于许多来访者而言，咨询是一种全新的经验，他们不了解也不知道心理咨询这种方式是否可以帮助自己解决问题，以及咨询师会怎么帮助自己解决问题。因此，来访者对心理咨询可能存有过高期望或尝试看看的心态。

通常，来访者由于渴望得到咨询师的帮助，可能对咨询师说些什么或要求些什么，都会毫无疑问地接受。这种依赖的情形是咨询的情境和气氛所造成的，如同病人信任医生一样，来访者也可能对他们的咨询师过度地信赖。因此，在咨询前，咨询师必须告知和教导来访者了解自己的权利与责任，并鼓励来访者发展个人的自主意识和行动，这才能够真正发挥咨询的效果。

知情同意

保障来访者权利最好的方法，就是咨询师秉持“知情同意”的精神和做法，这也是所有助人专业的伦理守则强调的重点。所谓知情同意是指咨询师在咨询之初及整个过程中，告知来访者应该知道的信息和权利，并得到来访者的同意，双方达成一定的协议，包括尊重来访者决定进入或退出咨询关系的意愿，保障来访者自主、受益和免受伤害的权益等。

知情同意是咨询过程中首先遇到的伦理问题，可以使咨询有一个专业而负责的开端。知情同意的程序让咨询师面临的挑战是，如何向来访者提供正确及充分的信息，而且信息不能给得太快或太多，以免让来访者感受到压力。因此，知情同意最好视为一种持续历程，正如美国心理咨询学会（1995）的伦理守则所言：在咨询初期和必要时，甚至在整个咨询进行过程中，咨询师必须告知来访者咨询的目的、目标、技术、程序、限制、潜在的风险、接受服务可能的益处以及其他必要的信息。咨询师必须确定来访者了解诊断的含义、使用测验和报告的目的、费用和付费方式。同时，来访者有权利要求保密和了解保密的限制，继续或中止咨询、拒绝转介以及得知拒绝转介的可能后果。该学会还认为，让来访者了解整个咨询过程的主要目的是增加来访者投入、接受教育及主动参与咨询的机会，并且让来访者了解他们是咨询的主导者。

咨询初期讨论的伦理主题可从来访者的顾虑、兴趣及问题中选择。当然，并不是所有的主题都会在初次会谈时讨论。面对一个新的来访者时，咨询师必须把以下问题放在心里。

1. 基本的保密原则是什么？保密有哪些限制？
2. 咨询如何进行？
3. 咨询师的主要角色是什么？
4. 来访者的期待是什么？
5. 咨询过程大概需要持续多久？
6. 怎样的情形可以结案？
7. 来访者与咨询师的主要权利和责任分别是什么？
8. 咨询的主要利益和风险是什么？

知情同意的内容

关于知情同意的内容很多，下面列举一些与生涯咨询有关的重点加以说明。

1. 咨询过程：向来访者详尽地描述咨询的过程是怎样的一种情形，是一件很困难的事。因为对不同的个体来说，其问题的类别及程度也各不相同，但可以告知一般的咨询过程。例如，可以告知来访者，咨询师在充分理解和尊重来访者的个性自由、个人经历的平等原则下，对来访者提供支持性帮助。

   咨询师与来访者一起探索心理症结，并通过增加来访者的自我觉察，去探讨重重障碍后面的真实自我。虽然觉察可能会产生痛苦与焦虑，尤其是长期咨询可能会因为来访者自身的改变而造成生活上的一些干扰或混乱，但又是很必要的；如果在咨询中运用了某些特殊或有实验性质的咨询技术时，也应该告知来访者有权拒绝接受，有权决定终止咨询，而且与咨询师讨论终止咨询是适当的。咨询不是包办来访者的所有问题，心理咨询成功的关键是来访者自身的准备以及内在成长的动力。

2. 咨询师的背景：咨询师须向来访者实事求是地提供自己的专业资历、学位、接受过的教育、培训以及工作经验等有关说明，并出示相关的专业资格证书和执照。同时，对自己的咨询理论取向、特定技术、适用的来访者和问题类型，以及自己可能无法处理的问题类型等做必要的说明。

   咨询师预先说明自己的资历，并表明乐意回答来访者有关咨询过程的问题，可以减少来访者对咨询持有的不切实际的期望，也可以减少操作不当的风险。对于来访者在怎样的情形下必须转介，尤其是涉及潜在的价值观冲突时，如个人坚持的立场包括对宗教、堕胎等价值观，也是咨询师需要预先告知的背景资料之一。

3. 咨询服务费用：专业的心理咨询是一项有偿服务，主要采取按时收费的标准。在咨询之初必须清楚地向来访者说明咨询的收费标准与支付方式，如有任何可能造成费用变动的情形，也要在咨询之初予以告知。由于来访者的经济状况各不相同，有些专业伦理守则建议采用弹性收费方式。除了可依据来访者的支付能力进行调整外，许多专业助人者针对一些经济上有困难的来访者提供收费较少或免费的服务，例如美国心理咨询学会的伦理守则中提到：咨询师提供某些比例收费较少或免费的专业服务，是对社会的一种贡献。

4. 咨询的期限和结案：许多咨询机构对咨询谈话的次数都有限制，如允许的咨询次数上限为 10 次，或在特殊情况下给予一年 20 次的会谈等，这些情况都应该在咨询前告知来访者。在咨询的疗程将要结束时，也最好在结案前预告或提醒来访者咨询将在下次结束。此外，来访者有权要求提供转介，如果咨询师评估来访者需要继续咨询且无法提供转介时，必须对来访者说明其他可行的变通方式。

5. 督导或同事的协助：一些初学者或新手咨询师应定期与督导或同事讨论工作的进展与困难，而一些有经验的咨询师也要定期与同行进行案例讨论，这类专业行为是符合伦理守则的。由于这样的求助可能会涉及来访者的一些隐私，因此必须在咨询前以口头或书面形式告知来访者，取得来访者的同意。咨询师可以向来访者解释这些案例讨论主要是聚焦在咨询师的专业行为上，而不是聚焦在来访者身上，让来访者了解这样的专业行为能更好地促进咨询，是明智之举。
6. 终止咨询：许多伦理守则特别说明，当咨询必须中止或结案时，咨询师必须考虑来访者的福祉。咨询师最好在初次会谈时就向来访者说明咨询过程中预期与非预期性终止咨询的可能，以及如何做最好的处理。对一些来访者而言，咨询师的无故缺席或请假，可能会让来访者有被抛弃的感觉。因此，咨询师应该为咨询可能中断的情况做预先安排，例如度假或出差等，应该提供其他咨询师的姓名、电话等给来访者以备不时之需，这也是符合伦理的做法。当然，咨询师将来访者的资料提供给代理者之前，必须取得来访者的书面同意。
7. 查阅咨询记录的权利：咨询前应该向来访者告知和解释在咨询过程中撰写和保留咨询记录是咨询师必要的工作，这样既可以提醒咨询师，也有助于咨询师更好地制订计划和策略，以帮助来访者更有效地解决问题。由于来访者有权查阅及复制咨询记录，所以，咨询记录最好用描述性而非评价性的方式撰写。当特殊情况涉及法律诉讼时，咨询记录会有被公开的可能，因此咨询师要谨慎撰写咨询记录。至于咨询师在咨询中的一些感受或假设，可以另外记录在自己的咨询笔记中。

第三节　咨询师的责任

除了上一节说明咨询师要维护来访者的权利外，专业伦理对咨询师有更高和更多的要求，在此无法一一介绍。本节仅探讨与咨询师责任有关的四个重要的主题：觉察个人需求、澄清价值观、保密的原则与限制，以及专业能力与训练，其目的不仅在于提醒咨询师其责任，也是保障咨询师自身的权益和提升自我成长的需要。

觉察个人需求

咨询师在帮助来访者增进自我觉察的同时，也有责任致力于自己生命议题的觉察。因为，缺乏自我觉察的咨询师，极有可能将咨询的焦点从满足来访者的需求变为满足其个人需求，从而阻碍来访者的成长。

首先，咨询师要思考两个重要的问题："我投入咨询工作的动机是什么？""我可以帮助别人得到什么？"这两个问题有许多不同的答案。有的咨询师喜欢可以帮助别人改变生活的感觉，尤其当他们看到来访者努力追求自我了解，并且有勇气面对问题、解决问题，会让他们感到满足和喜悦。有的咨询师则看重个人的成长，视与来访者的咨询关系如一面镜子，从帮助来访者的过程中反思自己的生命议题，因此咨询成为同时改变咨询师和来访者的催化剂。

咨询师必然有个人需求，但是这些需求不能优先于来访者的成长，更不能因此阻碍来访者的成长。例如，咨询师投入专业的助人工作是为了帮助他人，也需要通过来访者的改变来确认自己的帮助是否有效。然而，因此期望来访者把自己视为生活中的一股重要力量，这就是咨询师的个人需求。为了不让这种个人需求妨碍来访者的成长，咨询师可以从其他途径满足这些需求，而不是一味地获得来访者的肯定或好感来满足个人需求。

从事咨询工作最有意义的感受，是看到来访者的成长所带来的喜悦。然而，只要咨询师有意或无意地利用来访者来满足个人需求，就会阻断咨询的进展，例如强烈地想要照顾别人让自己觉得很有能力，或自认为知道并指导来访者应该过怎样的生活等。如果咨询师习惯给来访者建议和指导他该如何做，将不利于咨询的进行，因为这么做会使来访者产生过度依赖，并且强化他们凡事依赖他人的倾向。因此，科里和哲里安（Corey & Gallanan，2003）认为，对认为自己很重要或能力很强有强烈需求的咨询师，有必要扪心自问：究竟是来访者觉得咨询师不可或缺，还是自己一厢情愿的想法？

此外，如果咨询师有强烈的被接纳、崇拜，甚至令来访者敬畏的需求，也会阻碍咨询目标的达成。盖（Guy，2000）提醒，企图依赖来访者来满足个人归属感和被尊崇的需求是非常危险的。当咨询师没有察觉自己的需求和内在动力时，有可能会通过咨询关系来满足个人未能满足的需求，或把来访者带离自己也不想面对的冲突，失去深入探索的机会。有些咨询师会受需求驱使，想从来访者身上寻找个人和专业上的自我价值，而来访者也觉得需要讨好咨询师，导致他可能不知不觉地满足了咨询师的心理需求。

一旦咨询师对自己的需求缺乏充分觉察时，可能会误用咨询情境中的权力。例如，有些咨询师很快地提出解决问题的方法，可能是想要满足自己的成就需求。或者咨询迟迟没有进展，有些咨询师可能淡化问题的严重性，并催促来访者及早做决定，甚至直接代替来访者做决定。

身为咨询师，在思考个人的需求，以及它如何影响自己的工作时，可试着回答以下问题（Corey，Corey & Gallanan，2003）。

1. 我如何分辨何时是为来访者的利益着想，何时只是为自己的利益着想？
2. 我有多期待来访者说我是一个好人或很棒的专家？我喜欢自己吗？我总是期待别人认同我的价值或我所做的事情吗？
3. 我是否期待生命中的重要他人，能够满足关照、认同和支持自己的需求？是否期待来访者满足我的需求？
4. 当来访者没有进步时，我是否会有无法胜任的感觉？如果有，这种无法胜任的态度和感觉如何影响我对他的咨询？

澄清价值观

价值观是一种内心尺度，它存在于整个人性当中，支配着人的行为、态度、观察和信念，也支配着人认识世界、理解事物以及对自己的意义和自我了解、自我定向、自我规划等。它表明人们究竟相信什么、想要什么、坚持追求和实现什么。价值观决定着一个人生活中大大小小的选择，我们的任何行为都是自身价值观的流露。

咨询过程既是人际互动的过程，也是咨询师与来访者价值观的交流过程，咨询师的价值取向会在咨询过程中发挥作用。当来访者谈论自己的问题时，必定涉及自己的价值观，而咨询师与来访者相互讨论问题时，也无法避免出现自己的价值观，即使不是有意的。因此，咨询师与来访者在咨询交流中不断地呈现着各自的价值观，并且通过彼此的分享和讨论，互相影响对方。当咨询师和来访者的价值观出现截然不同或对立的时候，就会产生一些伦理上的问题。科里（Corey，2002）明确地表示：咨询师与来访者所沟通的就是价值观，咨询师希望来访者成为什么样的人，以及认为人生应该发挥哪些健康的功能，这些都是在传递他们的价值观。

虽然咨询师有自己的价值观，但在咨询交流中表达自己的价值观时必须清楚地知道和了解那是自己的观点，并以一种开放的、非强迫式的态度与来访者分享和讨论，进而引导来访者去探索自己的价值观以及对其行为的影响。有时，咨询师可能不同意来访者的价值观，但必须尊重来访者的不同价值观。如果咨询师极力想保持“价值中立”立场，在来访者面前隐藏个人的价值观，那么咨询师的作为与机械式的咨询差不了多少。因为，来访者不只需要咨询师能够反映和澄清他们的问题，更希望能和咨询师建立深入的互动关系。所以，咨询师要真诚地表达自己的价值观，并通过真诚开放的交流帮助来访者检验自己的想法和行为，来访者唯有在这种真诚信任的关系中才能得到帮助和改变。

咨询师处理来访者价值观的方式也经常会导致伦理议题的产生，咨询师必须清楚地了解自己的价值观对来访者的可能影响。因为有研究发现，咨询中来访者有改变自己的价值观以符合咨询师观点的倾向，并且多半会采纳咨询师的价值观（Zinnbauer & Pargament，2000）。

在生涯咨询的过程中，咨询师所专注的焦点可能会引导来访者在生涯探索上的方向发生转变，而咨询师所使用的方法也可能让来访者有不同的生涯选择。因此咨询师必须谨记在心，咨询不是教导，咨询师的功能也不是教导来访者什么是“适当”的生涯。遗憾的是，有些自以为好意的咨询师却相信他们的工作是让来访者符合社会所接受的标准或价值观，这种“咨询师了解什么才对来访者最好”的想法是错误的。不可否认，指导是咨询的一部分，而且来访者确实需要直接或间接地从咨询师的观念和经验中获得学习，但是咨询并不是说理、说服或教导的同义词。

另外，不仅语言会传达价值观，咨询师的身体语言（如表情、动作）也会表露其对来访者的观感。如果来访者想要得到咨询师的认同，他们会根据这些身体语言的线索，表现出符合咨询师喜好的样子。举例来说，一个准备休学的来访者叙述自己浪费大好年华在没有兴趣的专业时，他可能看到咨询师的点头或微笑而以为咨询师赞同他的决定，也可能因咨询师的皱眉或迟疑而觉得咨询师不赞同他的决定。虽然咨询师并未强迫来访者信服或接受自己的价值观，但是咨询师的身体语言所释放的微妙信息，仍然可能对来访者的行为产生影响。

少数咨询师由于无法认同来访者的价值观（比如未婚先育、同性恋、婚外情等），会直白地告诉来访者无法继续进行咨询，这是一种不符合专业伦理的做法。咨询师的角色并不是赞成或反对来访者的价值观，而是帮助他们探索和澄清自己的态度和信念，并且运用自己的价值观去解决问题，唯一的例外是除非来访者的价值观或行为违背了道德和法律，否则应积极寻求督导的帮助，再决定是继续咨询或转介。

咨询师清楚地认知自己的价值观，并衡量其价值观对来访者的影响是绝对必要的。咨询师在检视自己的价值观的过程中，以下问题对咨询师会有帮助（Corey，Corey & Gallanan，2003）。

1. 我真的能够完全认知自己的价值观吗？

2. 我的价值观是否影响了自己对某些咨询理论、咨询技术或干预策略的偏好?
3. 当我与当事人的价值观对立时，我该如何解决这样的矛盾?
4. 我认为咨询或咨询师的立场应该是维持价值中立，还是与来访者沟通彼此的价值观?
5. 在帮助来访者清楚地表达他们的价值观的过程中，我的角色是什么？

既然咨询过程是一个价值观的交流过程，咨询师只需在咨询过程中帮助来访者澄清其价值追求，以及了解和体察价值观之间的矛盾及其行为的代价和后果，而将选择权利交给来访者，咨询师无须“越俎代庖”。这样，有利于让来访者在自我成长上有所领悟和改变，因为每个人都有一扇自内向外开启的“改变之门”。

保密的原则与限制

心理咨询是人与人之间的心灵沟通，也是人际交流的艺术，在咨询中要达到真正的效果，需要双方进行真实的内心交流。雷蒙德（Redmond，1996）认为，有效的心理咨询要靠保密和信任的氛围，让来访者在咨询中愿意敞开心胸、畅所欲言，愿意表达事实、情绪、回忆和恐惧等。保密是心理咨询的重要工作原则之一，是专业伦理的主要体现，也是咨询能有效进行的前提。因此，许多心理健康相关的助人专业都把保密视为伦理的首要原则。

当来访者将自己埋藏心底的困惑或问题告诉咨询师时，来访者有权要求对咨询的内容保密，而咨询师也有责任尊重和保护来访者的权利。除非来访者同意，咨询师才能在符合伦理和法律的情形下揭露其谈话内容。然而，在一些情况下如果来访者不同意揭露谈话内容，咨询师可能会陷入违反保密原则的困境，例如来访者有伤害自己或他人的意图，或来访者有严重的传染性疾病等，如果咨询师不通报有关单位做一些防范措施，如果真的发生事件，是要负法律责任的。又如，咨询师在咨询中得知未成年的来访者未婚怀孕，而没有告诉其父母，之后极有可能被来访者父母控告其知情不报而需要承担法律责任。

一般而言，咨询师如果被法院传唤出庭作证，在法庭上可以拒绝回答涉及来访者隐私的问题，因为保密的权利属于来访者，除非来访者了解和理智地同意放弃这个权利。即使如此，也有例外，虽然法律保护和尊重来访者的隐私权，以及认同和支持咨询师的专业伦理，但是在一些特殊情况下，例如来访者有危害社会或国家安全的可能性时，法院仍有权力要求咨询师打破保密原则，因为法律高于一切伦理守则。因此，咨询师有必要熟悉法律来保护来访者的权利及限制。因此，咨询师在得知来访者有危害社会或国家安全的意图或行动时，应及早通知有关单位采取防范措施，这才是正确且明智的伦理决策。

当来访者的信息无法得到保密时，咨询师自然面临伦理决策的困境。针对这种情况，所有助人专业的伦理守则都强烈建议或规定：初期咨询师与来访者建立咨询关系时，应告知来访者关于谈话内容的保密限制。咨询建立在信任的基础上，咨询师在咨询初期就真诚地向来访者说明保密的限制，才是赢得来访者信任的上策。如果咨询师对保密的限制隐而不说，或者对来访者做空泛的承诺：他所说的“每一件事”都会“一直”被保密，其结果必然是造成来访者对咨询师的不信任，之后的咨询自然难有进展，来访者甚至不再来咨询。

相较于一般心理咨询，上述的伦理冲突或困境在生涯咨询中发生的可能性要少一些，然而咨询师也不可掉以轻心，毕竟生涯咨询也可能出现需要心理咨询的情况，至少咨询初期对来访者说明保密的原则和限制，仍是咨询师的伦理责任。

专业能力和训练

咨询师的专业能力是重要的伦理问题之一，因为关系到咨询的成效。如果咨询师的专业能力不足，很容易产生不当的咨询行为，甚至让自己受挫和对来访者造成伤害。评估咨询师的专业能力不是一件容易的事，因为没有人敢说自己的专业能力足够。能力增强是一个不断学习的过程，获得心理咨询相关学位或取得咨询师资格只是专业的一个基本要求，代表着成长学习的起点。许多咨询专家视每一个来访者、每一次咨询都是一个新的挑战、新的学习，因为他们知道学习之路永无止境。

咨询师的专业能力与专业训练的关系非常密切。不同的专业教育机构虽然有自己的一套专业培训课程，但在咨询师的训练中仍有些是共同的核心课程，例如咨询专业发展、咨询理论与技术、团体咨询、发展心理学、社会心理学、人格心理学、异常心理学、心理测验与评估、研究方法以及咨询伦理等。同时，初学者也要在咨询督导的指导下进行实习，积累将理论应用在实务工作上的经验。更重要的是，负责训练的教师不只是传授知识和技术，更要帮助初学者探索自我、增进觉察力、拓展生活经验以及建立自己的咨询风格。

有些初学者热衷于学习一些咨询技术，而不愿了解这些技术背后的理论依据。然而，运用咨询技术必须以理论为基础，而且要了解这些理论的适用范围与限制。有些专业训练以某一特定理论流派为主，难免使初学者的学习受到限制，而从伦理的观点来看，咨询师的教育和训练应该包含多元理论观点，培训课程应为初学者提供扎实的基本技术和开阔的视野。

成为专家型的咨询师除了要有必备的基础训练之外，咨询师也需要在特定领域中进行更进阶的学习，不仅需要跟上专业领域的发展，也需要刻意练习技术和学习各种新的方法，以应付不同来访者的问题，例如：饮食障碍、家庭暴力、药物滥用、网络成瘾、应激障碍等，这些新的挑战促使咨询师必须不断提升自己的专业胜任力。

因此，继续教育是非常重要的。大多数的助人专业机构都非常重视咨询师的继续教育，鼓励咨询师持续参加各种在职教育或培训。美国心理咨询学会（1995）针对继续教育的伦理守则是：咨询师应该认识到接受继续教育的需求，对于他们的领域中新近的科研和专业的资讯保持相当程度的了解；并且要不断维持使用技术的胜任能力，开放心胸学习新的技术，才能应对他们所要处理的各种不同问题或特定族群。《中国心理学会临床与咨询心理学工作伦理守则（第二版）》中的叙述是：心理师应关注保持自身专业胜任力，充分认识继续教育的意义，参加专业培训，了解专业工作领域的新知识及新进展，必要时寻求专业督导。

雷蒙德（Redmond，1996）的一段话，也许可以为继续教育做最好的诠释：即使专家也应该站在自身领域中发展的前端，借由阅读专业书籍和杂志、参加培训与参与研讨会、加入同行支持团体，以及任何可以帮助自己在个人或专业上继续成长的行为，使自己的能力和技术不断精进。

思考活动

1. 你在过去的咨询经历中遇到过两难的伦理决策困境吗？你是如何解决的？
2. 你有自己坚定的价值观、信仰或信念吗？如果来访者在咨询中与你的价值观有严重冲突时，你会如何应对和处理？
3. 因特殊情况或需要，你必须进行网络或电话咨询，可能涉及哪些保密的问题？要如何保护来访者和自己的权益？

第十一章

高校的生涯咨询工作

高等教育的主要目标是为国家培养专门人才，一方面提供国家各项建设所需的高级人才，另一方面增进个人适才适所的潜能和抱负。除了少数学生考上国内外研究生继续进修之外，对多数的本科生而言，大学毕业是他们学生生涯的终点，也是他们步入未来数十载社会生涯的起点。因此，高校的生涯教育对未来的国家建设和个人发展至关重要。

生涯教育是一种新的教育哲学，将生涯的概念统合在学习的历程中，从幼儿园到成人，其内容包括生涯认识、生涯探索、价值澄清、决策技术、生涯定向及生涯准备等（金树人，1997）。高校生涯教育的范围涵盖很广，主要包括准备未来工作所需的专业训练，以及提升所学专业的生涯辅导和生涯咨询。生涯辅导是发展性和预防性的协助方案，包括生涯规划课程、生涯探索和生涯决定技能工作坊和研习会、工作实习、心理测评服务、就业指导和安置计划等。而生涯咨询则是问题解决或补救性的辅导方式，通过咨询师与来访者一对一的个体会谈，以及咨询师与数个来访者进行的小型团体咨询活动，帮助来访者解决生涯方面的困扰和问题。

本章以高校学生的生涯问题的类型和特性谈起，接着探讨高校的生涯咨询目标，以及咨询师在目前工作困境中的突破之道。

第一节　高校学生的生涯问题

大学生正面临生涯探索的重要时期，不但要确定目前所学的专业是否符合自己的个人特质，而且要面对毕业后可能的生涯选择。辛克尔曼和卢佐（Hinkelman & Luzzo，2007）认为大学时期是自我探索、改变和成长的时刻，对许多学生而言，大学意味着增加独立性、做决定和管理角色转变的开始。然而在此时期，如果他们生涯探索的经验不足，或对自我和外在世界缺乏清楚的认识，甚至对个人的生涯发展有错误的观念，则会产生一些生涯问题，造成情绪、学习和生活上的困扰。参考国内外学者的观点及过去咨询的经验，将大学生的生涯问题的类型和性质整理并说明如下。

生涯问题的类型

近年来由于快速的社会变迁、无处不在的媒体影响和父母的宠爱等因素，现在大学生的生涯问题越趋多元复杂。本节描述大学生的生涯问题，并无意给今日的大学生贴标签，也非以偏概全的批评，因为志存高远、脚踏实地的学生大有人在。我们只是根据生涯咨询的经验，呈现目前一些高校学生的生涯问题的类型和特色，让从事高校咨询工作的咨询师加以了解，以便在帮助他们解决生涯问题时做参考。

通常，高校学生前来咨询的问题不止一种类型，多数学生具有两种或两种以上的问题，而且问题与问题之间的关系可能错综复杂，分别说明如下。

1. 对自我不了解。许多学生在生涯发展上产生困扰或问题，最主要的原因是不了解自己的能力、兴趣、人格特质、心理需求、价值观等。这种不了解自我的情形可能是多方面的，例如，有的学生既不知道自己要什么或能做什么，也难以接受自己不知道要什么或不能做什么；有的学生则不是对太多的东西有兴趣，就是对什么都没有兴趣；而有的学生虽然有兴趣但缺乏能力，或者有能力却没兴趣。一般而言，对自我不了解常常是下面五种生涯问题的共同原因。

2. 对所学专业没有兴趣。一些学生开始专业学习后发现没有兴趣，原因是刚开始学习一些基础性课程觉得枯燥无趣，也不清楚基础课程的必要性，或者对自己的专业发展认识不足或有偏见。还有一些学生当初选的专业是奉父母之命，并不符合自己的兴趣或能力。更有少数学生所说的没兴趣只是不想学习或害怕考试的借口。事实上，根据一些研究显示，不少高校学生的价值取向和兴趣还未真正确定，需要进一步加强在兴趣方面的探索和培养。
3. 对所学专业与未来发展的关系不清楚。一些学生对自己所学的各个专业科目之间缺乏整合，而且对专业的理论也缺乏和应用的联系，使他们对所学专业的未来发展感到迷惘。如果没有得到适当的生涯规划方面的协助，不仅容易造成学生自信心受挫，也会造成教育资源的浪费。
4. 工作世界相关的信息不足。一些学生只知埋首书本中，对所学的专业知识常常死记硬背，不懂得联系实际活学活用，加上他们不仅对一般的就业市场趋势一无所知，而且对所学专业的未来就业机会和环境也不甚了解，不是人云亦云，就是断章取义，以致产生毕业了就会有工作等着自己的幻想，即使将来找工作也可能出现适应不良的情形。
5. 不知如何做决定。一些学生面对任何需要做选择或决定的事都感到困难，其原因除了没有信心或害怕失败外，主要是过去较少有自己的主见和做决定的经验。还有一些学生追求完美，总想找到一个两全其美或十全十美的方法，甚至希望不必花太大功夫就有唾手可得的好工作。因此，犹豫不决、三心二意、好高骛远等心态，在这类不知如何做决定的学生当中屡见不鲜。
6. 对自己的未来感到茫然。一些学生看似没有具体的生涯问题，对自己的未来生涯也说不上有什么想法，唯一的困扰就是不知道将来要干什么。他们对目前的生活缺乏现实感，对未来的前途也没有任何想法，原因可能是上述五种问题的综合，至少是两种问题以上的组合。这类来访者在生涯咨询中虽然是少数，但却是最难和需要最长时间处理的个案。

生涯问题的特性

大学生之所以产生上述生涯问题必有其因，咨询师需要了解这些问题的特性，才有利于咨询的进行。一般而言，高校学生的生涯问题有下面八种特性。

1. 过度理想化。这类学生对自己的未来虽有理想，但不考量一些周围环境的条件和限制，而且常常眼高手低，缺乏实际行动。例如，一个想自己创业的来访者总羡慕别人的运气好，期望自己有一天也能像那些人一样，但从未采取任何努力，因为他只看到别人的成功，而忽视成功背后所需付出的代价。
2. 自主性低。这类学生受到父母无微不至的呵护与照顾，从小到大很少自己做决定，以致既没有信心表达自己的想法，也缺少做独立判断的经验。例如，一个来访者虽对别人的意见不以为然，但又提不出更好的见解，因为他过去大事小事都依赖父母的安排，缺乏锻炼自主性的机会和经验。
3. 奢求立即效果。这类学生可能受到今日快餐文化的影响，他们期望用很少的努力得到立竿见影的效果，以致学习上缺乏耐性和毅力，做事常常半途而废。例如，一个来访者毕业后一年内换了七八份工作，最长的工作只做了三个月，他的理由是学不到东西。
4. 抗压力差。这类学生担忧别人的评价或害怕竞争的压力，平常表现正常，但一有压力即心慌意乱、不知所措。例如，一个来访者有严重的考试焦虑，无论面临笔试或面试，甚至听到要考试的信息，都会紧张得直冒汗、手脚发抖、说话结巴。

5. 重结果胜于过程。这类学生害怕得到不好的结果，总是在原点徘徊不前，担心失败的结果造成自己的痛苦和失落。例如，一个来访者早就立志要考研，但到了考前两个月都还未开始准备，他的理由是："如果我考不上，一定会很难过。"没有行动和努力的过程，自然得不到想要的结果。
6. 挫折容忍度低。这类学生害怕失败，而且碰到一点挫折便畏惧退缩。例如，一个来访者开始朝着自己的生涯目标做了些努力，但是遭遇一点小困难就立刻泄气地说："我是不可能成功的。"这种忍受不了一点挫折的心理，阻碍了他的成长和发展。
7. 过于情绪化。这类学生的情绪容易受到外在事物的影响，而且情绪反应非常强烈，以致表现时好时坏。例如，一个来访者原先按照计划展开行动，但只要一碰到不顺心或不如意的事时，心情立即跌落谷底，而且许久无法平复，导致其很难冷静行事。
8. 欠缺周全思考。这类学生较为聪明，反应也很快，但跳跃式的思考方式常使自己容易犯挂一漏万的疏失。例如，一个来访者行动力虽强，但制订的计划总是行不通，因为他制订计划常凭直觉，缺乏具体的步骤，以致很难达到自己期望的目标。

第二节　高校生涯咨询的发展

高校生涯咨询的服务对象为19—24岁的大学生，他们正经历着青春期后期和成人初期的多重挑战，如追求生活目标、界定自我概念和寻求同辈联结等（Schultheiss，2000），也是即将离开学校进入成人工作世界的转换时期（Super，1990）。他们对自己在社会和工作世界的角色和定位常常感到茫然失措，更希望能建立稳定且正面的自我形象、明确自己对他人的价值和意义，以及寻找自己未来的人生方向和目标。因此，这个阶段的青年更需要生涯咨询师的协助，以增进其自我肯定感，进而在生涯发展历程中充分发挥其潜能，达成自我实现（吴芝仪，2000）。

生涯咨询的目标

整理国内外学者的看法（Sanduhu & Porrtes，1995；Herr & Cramer，1996；金树人，1989；邱美华、董华欣，1997；吴芝仪，2000），归纳出高校生涯咨询的目标如下。

1. 协助学生选择专业。相较于国外的大学，国内的大学生进入大学后转系或改专业的机会较少，因此专业不合适很可能会让学生产生极大的困扰。咨询师帮助学生适应就读的专业、寻找专业有兴趣的领域或学科，或拓展辅修专业，甚至放弃现在的专业重考等，都是常见的咨询重点。
2. 增进学生自我了解和评估。自我了解和自我评估是一个人考虑职业选择和生涯发展的起点，也是进入工作世界前对自我和职业的认同的基础。咨询师帮助学生做有效的生涯规划，必须让学生对自己有充分的了解，包括自己的人格特质、优缺点、动机、需求、价值观、兴趣和能力等。
3. 协助学生了解工作世界。虽然大学生通常对工作世界有初步的认识，但仍需咨询师帮助他们进一步探索个人兴趣与未来职业的结合，包括对国内外、全球工作世界和趋势的了解。同时，咨询师也要帮助学生了解有别于校园文化的职场文化，如与同事、主管的工作关系、讲效率和重能力的工作环境、权责分明的组织制度等。
4. 增进学生的生涯决策能力。咨询师在学生增进对自我和工作世界的了解后，引导他们运用收集来的信息，做出短期和长期生涯目标的决定，并在现实生活中检验其具体可行性。

5. 协助学生进入工作世界。咨询师为即将毕业的学生寻求适当的工作和就业安置，不只是帮助学生找到一个工作而已。通过一连串有计划的服务，协助学生顺利地进入工作世界。所谓有计划的服务，包括就业资讯的提供、找工作的策略、履历表的准备、求职面试、求职过程的了解、推销自己的能力等。
6. 协助有特殊困难的学生。咨询师必须重视学生的个体差异，不同的学生有不同的问题，需要针对他们的需要给予特别的关照，如犹豫不决、难做决定、少数民族、身心障碍、冷门专业的学生等。

生涯咨询工作的困境

高校咨询工作者最普遍的困境是，工作量大但员工少，一些规模较小的学校里，咨询师仅是做一般心理咨询和行政事务已负荷过载，更谈不上有多余的精力和时间来关注学生的生涯咨询。有的高校专、兼职咨询师数量严重不足，于是只能开讲座或者大课，很难进行个体面谈。而在较大的学校里，虽然专职的咨询师人数多一点，但由于咨询师和需要生涯咨询服务的学生在比率上仍呈现供不应求的态势，即便进行生涯咨询也常被迫在短期内完成，让来访者感觉没有得到实质的帮助。

另外，缺乏有效的测评工具也是目前国内高校咨询工作的一大难题，尤其生涯咨询比一般的心理咨询更需要一些标准化的测验和量表，如帮助学生了解自己的性格、兴趣、能力、价值观等的测评工具。有时学生呈现的问题是有学校特色的，虽然生涯咨询常用非标准化的测评工具，但咨询师却没有精力和时间使用或自行编制，而使用翻译的测验或量表又容易产生文化适用性的问题。

第三节　高校生涯咨询的突破

经常听到许多高校咨询工作者有“四无”的感慨：无力、无助、无奈、无望，这些感慨很容易使咨询师产生疲惫感和挫折感。不妨换位思考一下，当来访者出现这类感觉时，身为咨询师的我们会如何帮助他、开导他？把你帮助他人时说的那些话，用在自己身上吧！下面介绍的是一些杰出的咨询师突破困境的实际措施，他们的经验值得参考和学习。

1. 争取行政支持。咨询工作得到学校领导的重视和支持非常重要，尤其在争取人力和资源上有很大的帮助。由于大多数的领导对咨询的理念和重要性都不甚了解，需要咨询师拿出实证和成果来赢得领导的信任，如提出学生生涯问题的研究、咨询案例的统计报告、生涯教育改进计划、生涯规划方案等。呈给领导参考的研究或报告应力求简要易懂，而且最好有重点摘要和具体建议。
2. 结合校内资源。咨询师不能仅是坐在咨询室里等待来访者上门，而是要有主动出击的精神和行动，多与其他学生事务相关的单位联系，以获得他们的合作与支持，如为辅导员提供一些书面的参考材料、为老师举办一些增加知识能力的研习活动、与学生处合办大学生的生涯探索活动、与就业指导中心建立合作等。
3. 建立资源档案。咨询师要养成资源的收集和整理习惯，手边一定要建立随时可取得的完整资源档案，而且资源档案要经常更新，以备不时之需。这不是一朝一夕可以做到的，需要不断地积累材料，整理归档。这些资源的主要来源有：校内外督导、专业书籍、各类证书考试办法和题库、提供优质信息资源的网站、曾合作过的企业或公司、可转介的合作机构或医疗系统等。
4. 进行小型研究。咨询师大多时间都在从事一线的实务工作，不会去做严肃的学术研究，然而进行一些类似行动研究、个案研究是有必要的，因为这不仅能作为自己推进工作的参考，而且是一项争取领导支持的重要任务。此类研究如：来访者问题的统计和分析、生涯团体成效报告、生涯测评工具的结果和运用、生涯讲座和活动、学生的反应调查等。此外，由于国内可用的标准化测验和量表较少，咨询师可以参考一些国内外测评工具，自编符合自己工作需要的简单测评工具。

5. 提升自己的专业能力。专业能力的获取是一个永无止境的学习过程，咨询师必须跟上专业领域最新发展的脚步，以应对来访者的新问题和挑战。因此，咨询师要不断地接受继续教育，例如参加专业的工作坊或研习班，以提升专业技能及发展新的咨询技巧。而且，这样的工作坊或研习班能让咨询师与其他志同道合的咨询师相聚和讨论，共同建立专业的互相支持网络。此外，加入一些地区性或全国性的专业团体也是一个很好的途径，如成为心理学会、辅导与咨询学会、高校心理咨询学会等组织的会员，不仅可以优惠参加他们提供的继续教育，也可以知晓业内学术与实务上的研究进展。另一种发展或提升专业能力的方法，就是向有经验同事或同行请教和观摩学习。
6. 发展生涯规划课程。越来越多的高校已经开始重视学生的生涯教育，希望在训练学生的专业能力的同时，也培养其未来的生涯适应能力。早在2004年一项针对美国大学生的研究就发现，高校生涯教育关注的重点应放在生涯规划的需要上。生涯规划的内容包括生涯探索、生涯定向、生涯发展等。这种心理教育取向的课程的优点是咨询师能以较少的时间服务更多的学生，而且让学生在问题未形成之前学习探索和解决问题的能力。

思考活动

1. 以你的了解，高校学生的生涯问题除了本章提及的之外，还有哪些？是否能举出一些实例？

2. 你是否同意本章提及的高校学生的生涯问题的特性？理由是什么？
3. 对于高校生涯咨询的目标与工作困境，你有什么想法吗？
4. 对于高校生涯咨询的突破，你有什么具体的策略和方法建议？

第十二章

咨询师的压力与调适

压力是人在某种条件刺激（机体内部或外部）的作用下，所产生的生理变化和情绪波动，是人在心理上所体验到的一种压迫感或威胁感。压力是生命中真实存在的，也是人类的一种普遍经验。压力出现在每个人每天的生活中，即使压力管理专家也会告诉你，他们从事的是一个有压力的工作。

适当的压力能使人有动力去完成一些事情，如追求成就、努力工作、准备考试等。适当或中等程度的压力有正面功能，但是过多的压力反而会带来极大的负面影响。然而许多咨询师在投入这个行业前，并未充分地了解咨询是一个很有压力的工作，这种工作压力常常会威胁他们的身心健康。

本书以咨询师的压力与调适作为压轴的最后一章，理由很简单，因为咨询师自身是咨询工作的灵魂。

第一节　压力的来源

根据国外的一些研究发现，咨询师感知到的最大压力，是来访者告知其有自杀意图或行为，至于其他一些压力来源的大小并没有一致的看法（王志寰等，2005；伍育英等，2006）。咨询师通常的压力来源如下（不分压力大小顺序）。

1. 来访者数量增加。
2. 不喜欢来访者。
3. 质疑心理咨询的价值和效果。
4. 制订太高的目标，有完美主义倾向。
5. 无法判断要使用何种适当的咨询方法和技术。
6. 无法有效地帮助来访者。
7. 与同事之间发生专业上的冲突。
8. 与其他同行之间有疏离感。
9. 过度认同来访者，以致无法掌握个人情感和专业行为的平衡。
10. 下班后仍未把来访者的问题暂放在一边。
11. 想要快速解决来访者的问题。
12. 未得到来访者的肯定或感激。
13. 处理繁杂的文书记录工作。
14. 来访者拒绝再来咨询。

另一些研究显示，工作压力较大的咨询师通常内心有一些不合理的信念。多伊奇（Deutsch，1984）指出，最容易让咨询师感到有压力的三个主要不合理信念，都和自己要求完美有关。

1. “我应该始终维持高度的工作热忱和工作效能。”
2. “我必须要能处理任何来访者的紧急状况。”
3. “我必须帮助每一位来访者。”

除了上述三个主要的不合理信念，多伊奇又列出了其他导致咨询师有压力的不合理信念。

1. “倘若来访者没有进步，是我的错。”
2. “来访者很需要我，我不应该休假。”
3. “工作等同于我的生命。”

4.“我是心理健康的典范，不应该有心理困扰。”

5.“我必须随时待命，随叫随到。”

6.“来访者的需求总是比我的个人需求重要。”

7.“我是来访者生活中最重要的人。”

8.“我有能力左右来访者的生活。”

有趣的是，可以发现这些引发压力的不合理信念，都与咨询师选择助人专业的需求有关，如被需要、感觉有价值、对别人的生活有影响、有能力左右他人，以及觉得自己很重要等。因此，当咨询师没有实现自我期望的表现时，即使那是不合理的期望，他们还是会感到挫折。一名咨询师如果认定自己要为咨询成败负完全责任，无疑是把不必要的负担加到自己身上，压力自然会产生。比如当咨询进展不如自己的预期或者来访者改变缓慢时，一些咨询师会把原因归咎于自己专业知识不足、能力不够、技术不熟练等。由此可见，咨询师之所以感到有压力，关键通常不在于来访者问题的困难度，而是咨询师对于助人角色抱持不合理的信念造成的。

第二节 压力的预警信号

如果咨询师长期处于工作压力下且缺乏适当调适，很容易产生专业耗竭或职业倦怠的现象，典型的症状是疲倦、失去活力和缺乏热情。咨询师如果出现这种现象，不仅自己会出现严重的身心健康问题，也不能给予来访者有效的帮助，就像一个自己生病的人很难去照顾好另一个病人。因此，为了维护咨询师的个人健康和提升自己的专业能力，必须对下面列出的压力预警信号保持高度警觉。如果这些预警信号偶尔或单独出现，无须过于紧张或忧虑，以免增加另一层压力，专业耗竭或职业倦怠时通常会同时出现多个预警信号，出现得越多危险性越高，例如：

1. 经常有不想工作的念头；

2. 经常抱怨不喜欢现在的工作；
3. 感到工作没有成就感或意义；
4. 经常有不愉快的情绪；
5. 感到似乎有不幸或厄运即将降临；
6. 觉得生活灰暗沉重、枯燥无味；
7. 对来访者的负面反移情增加；
8. 容易被他人激怒，有越来越退缩、沮丧或不能容忍他人的情形；
9. 有原因不明的身体不适或疾病的困扰；
10. 有逃离现实的想法或自杀念头。

总而言之，咨询师的压力主要来自工作本身的特性、对咨询专业角色的自我要求、工作中的挫折等。一个压力太大的咨询师不仅无法发挥助人的功能，自己的身心也容易出现无法弥补的伤害，而且期待完全消除工作压力是不切实际的想法。有经验的咨询师会随时留意压力的预警信号，运用有效的方法调适压力，以增强自己生命的活力，提升专业能力。

第三节　压力的调适

为了避免专业耗竭或职业倦怠的现象，咨询师需要花些时间好好地问问自己："如果需要改变，我愿意在想法和行为上做什么改变？"这也正是咨询师经常用来鼓励来访者的话。

压力调适方法

科里（Corey，2002）建议咨询师使用一些方法来避免专业耗竭，也许你可以从中找到一些适合自己的方法。下面的 23 项方法没有人能全部做到，每个人应视自己的情况和需要来选择。

1. 评估自己的目标、喜好和期望，并审视是否切合实际，以及是否能带来自己想要的结果。
2. 确定自我是自己生命的主人。
3. 在工作之外培养其他兴趣。
4. 思考一些使工作有变化的方法。
5. 主动开展一些对自己有意义的新计划，不要等待领导指示才动手。
6. 学习检视工作及家庭压力带来的影响。
7. 通过足够的睡眠、固定的运动、适当的饮食、静坐冥想或放松，保持个人的健康。
8. 发展互惠互助的友谊。
9. 学习如何提出要求，但不期待一定能得到。
10. 工作中学习自我肯定和自我酬赏，不要只想获得外在的肯定。
11. 从游戏、旅游和新的经验中寻求意义。
12. 花时间去评估个人计划的意义，以决定是否继续投入时间和精力。
13. 避免承担他人应当负起的责任。
14. 参加训练课程、工作坊、研讨会及阅读，以获得专业上的新知。
15. 重新安排自己的日程表来减轻压力。
16. 了解自己的界限，并学习让别人了解自己的界限。
17. 学习接纳自己的不完美，在犯错或未达理想时懂得宽恕自己。
18. 与同事互换工作一段时间，或邀请同事一起参与工作计划。
19. 与同事组成支持性团体，开放地分享挫折感及找出克服困难的好方法。
20. 培养一些能带来愉悦的爱好。
21. 花时间耕耘自己在心灵方面的成长。
22. 主动参与学术专业组织。
23. 为求个人更大的成长，寻求他人的帮助，如同事、师长、督导师等。

关照自己

斯科夫霍尔特（Skovholt，2001）认为，助人专业工作者都是单向关照他人的专家，认为自己有无穷的精力和能量，可以不断地付出，却很少留意关照自己这件事也很重要。咨询师要如何让自己的身心都能充分得到关照，拉扎勒斯（Lazarus，2000）建议思考下列几个重要问题。

1. 我会做哪些有趣的事情？
2. 我会营造何种积极情绪？
3. 我能充分享受何种感官经验？
4. 我会唤起何种能够激发能量和愉悦的意象？
5. 我会采用哪些正面自我对话？
6. 我会结交哪些友善的朋友？
7. 我会从事哪些有助于健康的活动？

关照自己并不是一件奢侈的事，而是符合咨询师专业伦理的一项重要任务。最后，以迈尔斯、斯威尼和威特莫（Myers，Sweeney & Witmer，2000）的“健康轮（wheel of wellness）”概念，作为鼓励咨询师关照自己的一面镜子，下面是他们提出的五项生命任务，值得咨询师深思这些生命任务的意义和价值。

1. 灵性。灵性是对存在和力量的一种察觉，它超越物质层面，赋予人们深厚的整体感或联结宇宙的感觉。你对灵性的定义是什么？在生活和工作当中，你如何发现它的存在？
2. 自我导向。自我导向是一种处理主要的生活事务时的专注和有目的性的感觉，诸如价值感、健康的掌控感、合乎现实的信念、情绪察觉和调节、问题解决和创造力、幽默感、良好的营养、运动、自我照顾、性别认同和文化认同等，都属于自我导向的元素。上述这些元素如何展现在你的生活中？对你而言，自我导向重要吗？你认可生活中可以掌控的部分，也能试着接纳生活中无法掌控的部分吗？

3. 工作与休闲。休闲如工作一样，可以提供成就感。你每周从事的休闲活动是什么？你的工作与休闲时间分配得当吗？回想自己的成长经历，你学习到的工作与休闲在生活中的角色是什么？
4. 友谊。友谊包含一个人的所有社交关系，涉及与他人之间的联结。你有期待的朋友类型吗？目前的友谊关系能够满足你吗？在生活中你会只付出而不求回报吗？你是否有不是咨询师角色的时刻，还是周围的人都习惯这么认定你，而你也习惯扮演这个角色？
5. 爱。爱是一段长期、亲密、信赖、怜悯和互相认同的关系。生活中，你有这种爱和被爱的关系吗？这段关系能够在多大程度上安定你的情感或情绪？

思考活动

1. 根据介绍的压力调适方法进行自我测试，以 1 到 5 分评估，5 代表完全符合，4 代表符合，3 代表还算符合，2 代表不太符合，1 代表完全不符合。
2. 如果来访者的焦虑传给了你，你会如何应对？如何做自我调节？
3. 你认为生活中有哪些事物是你无法掌控的？也许不能完全掌控，但有没有可能部分掌控？

附录

个人特质检核表

□ 敏感的	□ 喜欢逻辑思考的	□ 叛逆的
□ 合作的	□ 不喜领导别人的	□ 不喜拘束的
□ 耐心的	□ 谨慎的	□ 热情的
□ 友善的	□ 批判性强的	□ 善表达的
□ 慷慨的	□ 好奇的	□ 想象力丰富的
S_1__________	I_1__________	A_1__________
□ 直觉的	□ 乐于助人的	□ 自信的
□ 有主见的	□ 理想主义的	□ 善分析推理的
□ 富有创意的	□ 仁慈的	□ 重自我反思的
□ 敏感的	□ 富有洞察力的	□ 谨慎的
□ 自由开放的	□ 喜欢人群的	□ 精确的
A_2__________	S_2__________	I_2__________
□ 理性的	□ 喜欢美的事物	□ 有责任感的
□ 喜欢解决问题的	□ 好幻想的	□ 有说服力的
□ 独立思考的	□ 冲动的	□ 同理别人的
□ 内向的	□ 喜欢自由自在的	□ 善解人意的
□ 有条理的	□ 情绪化的	□ 温暖的
I_3__________	A_3__________	S_3__________
□ 不善社交的	□ 积极乐观的	□ 仔细的
□ 顺从的	□ 喜爱冒险的	□ 顺从的
□ 坦率的	□ 重名利的	□ 正直的

☐ 脚踏实地的	☐ 雄心壮志的	☐ 讨厌改变的
☐ 谦和的	☐ 支配心强的	☐ 有效率的
R_1______________	E_1______________	C_1______________
☐ 执着的	☐ 重视现在的	☐ 精力充沛的
☐ 安定的	☐ 害羞的	☐ 爱表现的
☐ 值得信赖的	☐ 平实的	☐ 追求刺激的
☐ 喜欢被领导的	☐ 有耐力的	☐ 有冲劲的
☐ 有规律的	☐ 少说多做的	☐ 重规划的
C_2______________	R_2______________	E_2______________
☐ 不喜社交的	☐ 有恒心的	☐ 领导力强的
☐ 坚持的	☐ 重实际的	☐ 果敢的
☐ 节俭的	☐ 谦虚的	☐ 讲求效益的
☐ 不善表达的	☐ 保守的	☐ 善交际的
☐ 喜欢具体明确的	☐ 不喜幻想的	☐ 外向的
R_3______________	C_3______________	E_3______________

作答和计分方式

1. 来访者勾选符合自己的个人特质。然后，计算每五题的勾选数目，例如在S_1勾选了合作的、耐心的，在S_1的横线上写上2，以此类推。
2. 将六个类型分别加总，例如S_1、S_2、S_3加总为S分数，以此类推，得到S、I、A、R、E、C六个分数。
3. 依序取分数最高的三个为个人特质的“霍兰德码”。例如，某个来访者各类型得分为：S = 10、I = 9、A = 11、R = 5、E = 1、C = 0，其霍兰德码即为ASI。

兴趣岛屿

“兴趣岛屿”是一个探讨职业兴趣的较简单的工具，由来访者根据六个岛屿的介绍，按照想去的程度，依次选出三个岛。

名称	岛屿特点
R	自然原始的岛屿，岛上保留有热带的原始植物林，自然生态保护得很好，也有相当规模的动物园、植物园、水族馆。岛上居民以手工见长，自己种植花果蔬菜、修理房屋、打造器物，制作各种工具。
I	深思冥想的岛屿，岛上人迹较少，建筑物多偏处一隅，平川绿野，适合夜观星象。岛上有多处天文馆、科博馆，以及科学图书馆等。岛上居民喜好沉思、追求真知，喜欢和来自各地的科学家、哲学家、心理学家等交换心得。
A	美丽浪漫的岛屿，岛上充满了美术馆、音乐厅，弥漫着浓厚的艺术文化气息。同时，当地的原住民还保留了传统的舞蹈、音乐与绘画，许多艺术和文艺界的朋友都喜欢在这里寻找灵感。
S	温暖友善的岛屿，岛上居民个性温和、十分友善、乐于助人，社区均自成一个密切互动的服务网络，人们互助合作，重视教育，充满人文气息。
E	显赫富足的岛屿，岛上居民热情豪爽，善于经营和贸易。岛上的经济高度发展，处处是高级饭店、俱乐部、高尔夫球场。来往者多是企业家、经理人、政治家、律师等，衣香鬓影，夜夜笙歌。
C	现代井然的岛屿，岛上建筑十分现代化，是进步的都市形态，以完善的户政管理、地政管理、金融管理见长。岛民个性冷静保守，处事有条不紊，善于组织规则。

我的生涯彩虹图

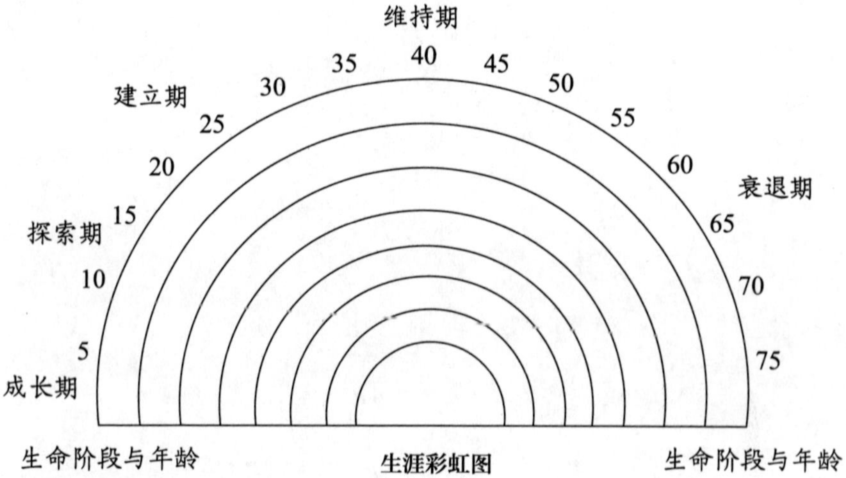

生涯彩虹图

参考文献

［1］纪宪燕．大学生生涯决定类型与生涯决定信念之研究［D］. 台北：台湾师范大学教育心理与辅导研究所，1994.

［2］金树人．职业兴趣组合卡［M］. 台北：心理出版社，2000.

［3］金树人．生涯咨询与辅导［M］. 北京：高等教育出版社，2008.

［4］黄素菲．叙事治疗的精神与实践［M］. 台北：心灵工坊，2019.

［5］罗文基、朱湘吉、陈如山．生涯规划与发展［M］. 台北：空中大学出版社，1992.

［6］邱美华、董华欣．生涯发展与辅导［M］. 台北：心理出版社，1997.

［7］田秀兰．生涯咨商与辅导：理论与实务［M］. 台北：学富文化公司，2015.

［8］柯瑞·卡莱那．咨商伦理［M］. 王志寰等，译. 台北：桂冠图书公司，2005.

［9］王雪娇．大学生生涯信念与生涯决策困难之关系研究［D］. 哈尔滨工程大学人文与社会科学学院，2009.

［10］伍育英等译．咨商与心理治疗［M］. 台北：桂冠图书公司，2006.

［11］吴芝仪．生涯辅导与咨商［M］. 台湾嘉义：涛石文化公司，2000.

［12］Abu Baker, K. (1999). The important of cultural sensitivity and therapist self-awareness when working with mandatory clients. *Family Process, 38*, 55-67.

［13］American Counseling Association. (1995). *ACA code of ethics and standards of practice*. VA: Author.

[14] Amundson, N. E. (2003). *Acttive engagement: Enhancing the career counseling process* (2nd ed.). Richmond, B. C.: Ergon Communications.

[15] Amundson, N. E., Bowlsbey, J. H., & Niles, S. G. (2005). *Essential elements of career counseling*. Columbus, OH: Pearson.

[16] Amundson, N. E.,& Penner, K.(1998). Parent involved career exploration. *The Career Development Quarterly, 47,* 135-144.

[17] Beauchamp, T. L., & Childress, J. F. (1989). *Principles of biomedical ethics.* Oxford, England: Oxford University Press.

[18] Beck, A. T. (1987). Cognitive therapy. In J. K. Zeig (Ed.). The evolution of psychotherapy (pp. 149-178). New York: Brunner/Mazel.

[19] Bennett, B. E., Bryant, B. K., VandenBos, G. R., & Greenwood, A. (1990). *Professional liability and risk management.* Washington, DC: American Psychological Association.

[20] Bertolino, B., & O'Hanlon, B. (2002). *Collaborative, competency-based counseling and therapy. B*oston MA: Allyn and Bacon.

[21] Bischoff, M. M., & Tracey, T. J. G..(1995). Client resistance as predicted by therapist behavior: A study of sequential dependent. *Journal of Counseling Psychology, 42*, 487-495.

[22] Bohart, A. C., & Tallman, K. (1999). *How clients make therapy work: The process of active self-healing.* Washington D. C.: American Psychological Association.

[23] Bordin, E. S. (1946). Diagnosis counseling and psychotherapy. *Education and Psychological Measurement. 6*, 169-184.

[24] Brott, P. E. (2001). The storied approach：A postmodern perspective for career counseling. *The Career Development Quarterly*, 49，304-313.

[25] Brown, D., & Brooks, L. (1991). *Career counseling techniques.* Boston: Allyn & Bacon.

[26] Cambell, C. & Ungar, M. (2004). Constructing a life that works Part 2, an approach to practice. *The Career Development Quarterly,* 53，28-40.

[27] Cochran, L. (1994). What is a career problem? *The Career Development Quarterly*, 42, 204-215.

[28] Cochran, L. (1997). *Career Counseling: A narrative approach*. Thousand Oaks, CA: Sage.

[29] Carroll, M. A. (1997). The multifaceted ethical dimension of treating the mental ill. In *The Hatherleigh guide to ethics in therapy* (pp.161-179). New York: Hatherleigh Press.

[30] Corey, G. (2002). *Theory and practice of counseling and psychotherapy*(6th ed.). Pacific Grove, CA: Brooks/Cole.

[31] Corey, G., Corey, M. S., & Gallanan, P. (2003). *Issues and ethics I helping professions*. (6th ed.). Pacific Grove, CA: Brook/Cole.

[32] Crites, J. O. (1978). *Career Maturity Inventory: Theory and research handbook* (2nd ed.). Monterey, CA: CTB/McGraw-Hill.

[33] Crites, J. O. (1981). *Career counseling: Models, methods, and materials*. New York: McGraw-Hill.

[34] Deutsch, C. J. (1984). Self-reported of stress among psychotherapists. *Professional Psychology Research and Practice,* 15(6), 833-845.

[35] Egan, G. (1998). *The skilled helper*. (6th ed.). Pacific Grove, CA: Brook/Cole.

[36] Ellis, A. E. (1994). *Reason and emotion in psychotherapy: A comprehensive method of treating human disturbances*(Rev. ed.). New York: Carol Publishing Company.

[37] Figler, H., & Bolles, R. N. (1999). *The career counselor's handbook.* Berkeley, CA: Ten Speed .

[38] Freedman, J. (2017). *Narrative therapy applying in partnership and family.* 16-18, June, Taipei PsyGarden Workshop.

[39] Gati, I., Krausz, M., & Osipow, S. H. A taxonomy of difficulties in career decision-making. *Journal of Counseling Psychology,* 1996, 43(4):510.

[40] Gati, I., & Saka, N.. High school students' career-related decision-making

difficulties. *Journal of Counseling and Development*, 2001, 79(3):331-340.

[41] Gerig, M. S. (2007). *Foundations for mental health and community counseling.* New Jersey: Pearson.

[42] Guy, J. D. (2000). Holding the holding environment together: Self-psychology and psychotherapist care. *Professional Psychology: Research and Practice, 31*(3),351-352.

[43] Gysbers, N. C., & Moore, E. J. (1987). *Career counseling: Skills and techniques for practitioners.* Englewood, NJ: Prentice-Hall.

[44] Harmon, L. W., Hansen, J. C., Borgen, F. H., & Hammer, A. L. (1994). *Strong Interest Inventory applications and technical guide.* Stanford, CA: Stanford University Press.

[45] Herr, E. L., & Cramer, S. H. (1996). *Career Guidance and counseling through the life span.*(5th Ed.) Glenview, IL:Scott & Foresman.

[46] Hill, C. E. (2014). *Helping Skills: Facilitation, Insight, and Action*. America Psychological Association.

[47] Hill, M., Glaser, K., & Harden, J.(1995). A feminist model for ethical decision making. In E. J. Rave & C. C. Larsen (Eds.), *Ethical decision making in therapy: Feminist perspectives* (pp.18-37). New York: Guilford Press.

[48] Hinkelman, J. M., & Luzzo, D. J. (2007). Mental health and career development of college student. *Journal of Counseling and Development, 85*, 143-147.

[49] Inkson, K., & Amundson, N. (2002). Career metaphors and their application in theory and counseling practice. *Journal of employment Counseling, 39*, 98-108.

[50] Janis, I., & Mann, L. (1977). *Decision-making: A psychological analysis of conflict, choice, and commitment.* New York: The Free Press.

[51] Kitchener, K. S. (1984). Intuition, critical evaluation and ethical principles: The foundation for ethical decisions in counseling psychology. *The Counseling Psychologist, 12*(3), 43-55.

[52] Kuder, F. (1988). *General manual for Kuder General Interest Survey, Form E.*

Monterey, CA: CTB/McGraw-Hill.

[53] Krumboltz, J. D. (1979). A social learning theory of career decision making. In A. M. Mitchell, G. B. Jones, & J. D. Krumboltz (Eds.), *Social learning and career decision making* (pp. 19-49). Cranston, RI: Carroll.

[54] Krumboltz, J. D. (1983). *Private rules in career decision making*. Columbus, OH: National Center for Research in Vocational Education.

[55] Krumboltz, J. D.(1991). *Manual for the Career Beliefs Inventory*. Palo Alto，CA: Consulting Psychologists Books.

[56] Krumboltz, J. D. (1996). A learning theory of career counseling. In M. Savickas & B. Walsh(Eds.). *Integrating career theory and practice* (pp. 233-280) Palo Alto, CA: Consulting Psychologists Books.

[57] Lazarus, A. A. (2000). Multimodal replenishment. *Professional Psychology: Research and Practice, 31*(1), 93-94.

[58] Locke, E. A., & Latham, G. P. (1984). *Goal setting: A motivational technique that works.* Englewood Cliffs, NJ: Prentice Hall.

[59] Maher, A. R., Murphy, R. G.., Gagnon, R., & Gingras, N. (1994). The Counsellor as a cause and cure of client resistance. *Canadian Journal of Counselling, 28*, 125-134.

[60] Mappes, D. C., Robb, G. P., & Engels, D. W. (1985). Conflicts between ethics and law in counseling and psychotherapy. *Journal of Counseling and Development, 64*(4), 246-252.

[61] Maslow, A. H. (1954). *Motivation and personality*. New York: Harper & Row.

[62] Myers, J. E., Sweeney, T. J., & Witmer, J. M. (2000). The wheel of wellness counseling for wellness A holistic model for treatment planning. *Journal of Counseling and Development,* 78, 251-266.

[63] Meichenbaum, D. (1977). *Cognitive behavior modification: An integrative approach.* New York：Plenum.

[64] Meara, N. M., Schmidt, L. D., & Day, J. D. (1996). Principles and virtues:

A foundation for ethical decisions, policies, and character. *The Counseling Psychologist, 24*(1), 4-77.

[65] Myers, J. E., Sweeney, T. J. & Witmer, J. M. (2000). The wheel of wellness counseling for wellness: A holistic model for treatment planning. *Journal of Counseling and Development, 78,* 251-266.

[66] Nathan, R., & Hill, L. (1992). *Career counseling*. London: Sage.

[67] National Career Development Association (1997). *NCDA guidelines for the use of the Internet for provision of career information and planning services.* Columbus, OH: Author.

[68] Newman, C. F. (1994). Understanding client resistance: Methods for enhancing motivation to change. *Cognitive and Behavioral Practice, 1*,47-69.

[69] Osipiws, S. H. (1987). *Manual for the career Decision Scales.* (Rev. ed.). Odessa, Fl: Psychological Assessment Resources.

[70] Peterson, G. W. (1998). Using a vocational card sort as an assessment of occupation knowledge. *Journal of Career Assessment, 6,* 49-67.

[71] Sandhu, D. S., & Portes, P. R. (1995). The Proactive model of school counseling. *International Journal for Advancement of Counseling, 18,* 11-20.

[72] Savickas, M. L. (1997) . Career adaptability：An interactive construct for life-span theory. *The Career Development Quarterly*, 45(3), 247-259.

[73] Schulitheiss, D. P. (2000). Emotional-social issues in the provision of career counseling. In D. A. Luzzo (Ed.), *Career counseling of college students: An empirical guide to strategies that work.* Washington, DC: American Psychological Association.

[74] Sears, S. (1982). A definition of career guidance terms: A National Vocational Guidance Association perspective. *Vocational Guidance Quarterly, 31*, 137-143.

[75] Skovholt, T. M. (2001). *The resilient practitioner Burnout prevention and self-care strategies for counselor, therapies, and health professionals.* Boston：Allyn & Bacon.

[76] Super(1976). *Career education and the meaning of work. Monographs on Career Education.* Washington, DC: The Office of Career Education, U. S. Office of Education.

[77] Tretheway, A. (1997). Resistance, identity and empowerment: A post modern feminist analysis of clients in a human service organization. *Communication Monographs, 64*, 281-301.

[78] Watkins,C. E., Campbell, V. L., & Nieberding, R., The practice of vocation assessment by counseling psychologists. *The Counseling Psychologist, 22,* 115-128.

[79] Welfel, E. R. (1998). *Ethics in counseling and psychotherapy: Standards, research, and emerging issues.* Pacific Grove, CA: Brook/Cole.

[80] White, M. (1988) The externalizing of the problem and the reauthoring of lives and relationship. *Dulwich centre Newsletter*, spring, 7-11.

[81] Williamson, E. G.. (1939). *How to counsel students: A manual of techniques for clinical counselors*. New York: McGraw-Hill.

[82] Yontef, G. M. (1993). *Awareness, dialogue and process: Essays on Gestalt Therapy.* Highland, NY: Gestalt Journal Publications.

[83] Zinnbauer, B. J., & Pargament , K. I.(2000).Working the sacred: Four approaches to religious and spiritual issues in counseling. *Journal Counseling and Development, 78*(2), 162-171.